【古老历史遗产】

神秘的石窟

周丽霞○编著

北方妇女儿童出版社

·长春·

图书在版编目(CIP)数据

神秘的石窟 / 周丽霞编著. —长春：北方妇女儿童出版社，2017.5（2022.8重印）
（古老历史遗产）
ISBN 978-7-5585-1064-9

Ⅰ. ①神… Ⅱ. ①周… Ⅲ. ①石窟—介绍—中国 Ⅳ. ①K879.29

中国版本图书馆CIP数据核字(2017)第103415号

神秘的石窟
SHENMI DE SHIKU

出 版 人	师晓晖
责任编辑	吴　桐
开　　本	700mm×1000mm　1/16
印　　张	6
字　　数	85千字
版　　次	2017年5月第1版
印　　次	2022年8月第3次印刷
印　　刷	永清县晔盛亚胶印有限公司
出　　版	北方妇女儿童出版社
发　　行	北方妇女儿童出版社
地　　址	长春市福祉大路5788号
电　　话	总编办：0431-81629600

定　　价　36.00元

习近平总书记说："提高国家文化软实力，要努力展示中华文化独特魅力。在5000多年文明发展进程中，中华民族创造了博大精深的灿烂文化，要使中华民族最基本的文化基因与当代文化相适应、与现代社会相协调，以人们喜闻乐见、具有广泛参与性的方式推广开来，把跨越时空、超越国度、富有永恒魅力、具有当代价值的文化精神弘扬起来，把继承传统优秀文化又弘扬时代精神、立足本国又面向世界的当代中国文化创新成果传播出去。"

为此，党和政府十分重视优秀的先进的文化建设，特别是随着经济的腾飞，提出了中华文化伟大复兴的号召。当然，要实现中华文化伟大复兴，首先要站在传统文化前沿，薪火相传，一脉相承，弘扬和发展5000多年来优秀的、光明的、先进的、科学的、文明的和自豪的文化，融合古今中外一切文化精华，构建具有中国特色的现代民族文化，向世界和未来展示中华民族具有独特魅力的文化风采。

中华文化就是中华民族及其祖先所创造的、为中华民族世世代代所继承发展的、具有鲜明民族特色而内涵博大精深的优良传统文化，历史十分悠久，流传非常广泛，在世界上拥有巨大的影响力，是世界上唯一绵延不绝而从没中断的古老文化，并始终充满了生机与活力。

浩浩历史长河，熊熊文明薪火，中华文化源远流长，滚滚黄河、滔滔长江是最直接的源头，这两大文化浪涛经过千百年冲刷洗礼和不断交流、融合以及沉淀，最终形成了求同存异、兼收并蓄的辉煌灿烂的中华文明。

中华文化曾是东方文化的摇篮，也是推动整个世界始终发展的动力。早在500年前，中华文化催生了欧洲文艺复兴运动和地理大发现。在200年前，中华文化推动了欧洲启蒙运动和现代思想。中国四大发明先后传到西方，对于促进西方工业社会形成和发展曾起到了重要作用。中国文化最具博大性和包容性，所以世界各国都已经掀起中国文化热。

中华文化的力量，已经深深熔铸到我们的生命力、创造力和凝聚力中，是我们民族的基因。中华民族的精神，也已深深根植于绵延数千年的优秀文化传统之中，是我们的精神家园。但是，当我们为中华文化而自豪时，也要正视其在近代衰微的历史。相对于5000年的灿烂文化来说，这仅仅是短暂的低潮，是喷薄前的力量积聚。

中国文化博大精深，是中华各族人民5000多年来创造、传承下来的物质文明和精神文明的总和，其内容包罗万象，浩若星汉，具有很强的文化纵深感，蕴含丰富的宝藏。传承和弘扬优秀民族文化传统，保护民族文化遗产，已经受到社会各界重视。这不但对中华民族复兴大业具有深远意义，而且对人类文化多样性保护也有重要贡献。

特别是我国经过伟大的改革开放，已经开始崛起与复兴。但文化是立国之根，大国崛起最终体现在文化的繁荣发展上。特别是当今我国走大国和平崛起之路的过程，必然也是我国文化实现伟大复兴的过程。随着中国文化的软实力增强，能够有力加快我们融入世界的步伐，推动我们为人类进步做出更大贡献。

为此，在有关部门和专家指导下，我们搜集、整理了大量古今资料和最新研究成果，特别编撰了本套图书。主要包括传统建筑艺术、千秋圣殿奇观、历来古景风采、古老历史遗产、昔日瑰宝工艺、绝美自然风景、丰富民俗文化、美好生活品质、国粹书画魅力、浩瀚经典宝库等，充分显示了中华民族厚重的文化底蕴和强大的民族凝聚力，具有极强的系统性、广博性和规模性。

本套图书全景展现，包罗万象；故事讲述，语言通俗；图文并茂，形象直观；古风古雅，格调温馨，具有很强的可读性、欣赏性和知识性，能够让广大读者全面触摸和感受中国文化的内涵与魅力，增强民族自尊心和文化自豪感，并能很好地继承和弘扬中国文化，创造未来中国特色的先进民族文化，引领中华民族走向伟大复兴，在未来世界的舞台上，在中华复兴的绚丽之梦里，展现出龙飞凤舞的独特魅力。

佛教画廊——敦煌莫高窟

石刻宝库——龙门石窟

东方雕塑馆——麦积山石窟

敦煌莫高窟

敦煌莫高窟又称千佛洞，一直以精美的壁画和形象的塑像闻名于世，是我国著名的四大石窟之一。它位于河西走廊西端，鸣沙山东麓的断崖上，始建于十六国的前秦时期，历经千年凿窟造像和不断修绘，形成了南北全长约1.6千米的宏大石窟群。

莫高窟现存洞窟、壁画、彩塑，是世界现存规模最庞大的“世界艺术宝库”，具有丰富的文化内涵。

南北朝时首开莫高窟

我国甘肃省敦煌市东南有座鸣沙山，在鸣沙山东麓的断崖上，就是闻名世界的莫高窟、西千佛洞，是世界上现存规模最宏大和保存最完好的佛教艺术宝库。

莫高窟南北长约1.6千米，上下排列5层，高低错落有致，鳞次栉

莫高窟的九层高楼

比，形如蜂房鸽舍，异常壮观。

■ 排箫舞乐图

盛大辉煌的敦煌，有着悠久的历史和灿烂的文化。

敦煌，曾历经沧桑，几度盛衰，步履蹒跚地走过了近五千年漫长曲折的历程。悠久的历史孕育了敦煌灿烂的古代文化，使得敦煌永远辉煌。

早在原始社会末期，中原部落战争失败后迁徙到河西的三苗人就在敦煌繁衍生息，他们以狩猎为生，并逐渐掌握了原始的农业生产技术。

在夏、商、周时期，敦煌属古瓜州的范围，有三苗的后裔（当时叫羌戎族）在此地游牧定居。

在战国和秦代时，敦煌一带居住着大月氏、乌孙人和塞族人。后来，大月氏逐渐强盛起来，兼并了原来的羌戎。在战国末期，大月氏人赶走了乌孙人、塞族人，独占了敦煌，直至秦末汉初。

在西汉初年，匈奴人入侵河西，两次挫败大月氏，迫使大月氏人向西迁徙于锡尔河、阿姆河两河流域，整个河西走廊被匈奴人占领了。

雄才大略的汉武帝继位后，采取武力防御和主动进攻两者兼用的战略，一边派遣张骞出使西域，联络大月氏、乌孙夹击匈奴，一边派霍去病率军北征，攻伐匈奴。

公元前121年，西汉政府在河西设置了酒泉郡和

乌孙 我国汉代连接东西方草原交通的最重要民族之一，乌孙的首领称为“昆莫”或“昆弥”。公元前2世纪初叶，乌孙与月氏均在今甘肃境内敦煌祁连间游牧，北邻匈奴。乌孙王难兜靡被月氏攻杀，他的儿子猎骄靡刚刚诞生，由匈奴冒顿单于收养成人，后来得以复兴故国。

莫高窟内的佛龛塑像

丝绸之路 丝绸在我国史前文明时期就已经存在了。人们通常所说的丝绸之路是指穿越中亚、翻过帕米尔高原、抵达西亚的线路。公元前140年，张骞首次从长安出使西域，到达楼兰、龟兹、于阗等地，其副手更远至安息国、身毒国等。丝绸之路不仅是我国联系东西方的"国道"，也是我国古代中外经济及文化交流的国际通道。

武威郡，并采用设防、屯垦、移民等措施，不断充实、加强建设河西。

公元前111年，西汉政府又将酒泉、武威两郡分别拆置敦煌、张掖两郡，又从令居（今永登）经敦煌直至盐泽（今罗布泊）修筑了长城和烽燧，并设置了阳关、玉门关，史称"列四郡，据两关"，保证了丝绸之路的畅通。

从此，我国的丝绸以及先进技术就源源不断地传播到中亚、西亚和欧洲等地。欧洲、地中海沿岸和西域的玉器、玛瑙、奇禽异兽、农作物等也都长途转运到中原。各国使臣、将士、商贾、僧侣往来不绝，都要经过丝路要道敦煌。因此，敦煌成为了中西交通的"咽喉锁钥"。

当时的敦煌疆域辽阔，统管6县。西至龙勒阳关，东到渊泉（今玉门市以西），北达伊吾（今哈密市），南连西羌（今青海柴达木）。

东汉初年，匈奴又逐渐强盛，征服了曾是西汉管辖的大部分西域地区，丝绸之路被迫中断。

75年，东汉王朝出兵四路进击北匈奴，重新打开通向西域的门户。同时派遣名将班超两度出使西域，杀死匈奴使节，联络西域诸国，重新使他们与东汉建立了友好关系，使断绝65年的丝绸之路重新获得畅通。

自西汉设郡到西晋末期的数百年间，丝绸之路虽几通几绝，但敦煌日渐呈现出繁荣昌盛的景象，也逐步发展成为西北军政中心和文化商业重地，成为“华戎所交大都会”。

魏晋时期的河西地区，先后建立了前凉、后凉、南凉、西凉、北凉等封建政权。前凉张骏时期，曾改敦煌为沙州。

尤其是自汉魏时期传入我国的佛教，在敦煌达到空前兴盛，饱受战争之苦的百姓拜倒在佛的脚下，企望解脱苦难，过上安定的生活。因此，敦煌是佛教东传的通道和门户，也是河西地区的佛教中心。

莫高窟内的佛像

■法显 东晋僧人，是我国佛教史上的一位名僧，卓越的佛教革新人物，是我国第一位到海外取经求法的大师，杰出的旅行家和翻译家。佛教从印度传入我国，到了法显时代达到了一个关键时刻，从过去的基本上是“送进来”的阶段向“拿进来”的阶段转变。

那时，有一大批佛学高僧在敦煌讲经说法，河西各地的佛门弟子多来此地研经习学。法显、鸠摩罗什等佛学大师们无论东进还是西去，都曾经在敦煌留下了他们的足迹。

366年，一个叫乐尊的和尚杖锡云游到了敦煌三危山下，黄昏到来的时候，乐尊和尚环顾四面，极目远望，想找个住的地方。

当乐尊和尚向三危山望去之时，他非常惊讶地看到：落日的余晖洒落在三危山，三危山放出了万道金光，犹如一个个金佛闪动。

乐尊和尚激动万分，虔诚地匍匐于地礼拜再三，于是决定常住于此，行走化缘，并将三危山下所见广为传播，当地民众百姓听闻之后，将他视若神明。

不久，莫高窟的第一个洞窟开工。

又是一年春天，风沙向此地再次袭来，卷起的沙子漫天飘飞，播种不久的种子在风沙过后已颗粒不见。百姓痛苦地望着田地，老人们眼角再次湿润，孩子们站在旁边，呆呆地望着。

人们开始埋怨：上天为什么这样？到底是什么原因？这风从何处来？他们想到了“妖魔鬼怪”。

正当人们为此纷纷议论之时，人群中一位老者缓缓站起来说道：“前些日子在我们这儿化缘的那个和尚，听说法力无边，我们大伙儿去请他来作法，求神灵保佑我们吧！”

于是众人三步一叩，来到三危山下的莫高窟请乐尊和尚。

乐尊欣然答应，率弟子做了49天法事。自此，当地风调雨顺，五谷丰登，当地百姓万分感激。为了纪念高僧乐尊，在他圆寂之后，人们把他葬于该地，并建“镇风塔”纪念。此地从此更名为土塔村。

该村的人们还在距此塔约10米的地方建起了一座庙宇，并请工匠在四周的墙壁画满了壁画，精美绝伦。

继乐尊之后，莫高窟开凿于北朝时期的洞窟共有36窟，其中年代最早的第二六八窟、第二七二窟、第二七五窟可能建于北凉时期。

窟形主要是禅窟、中心塔柱窟和殿堂窟，彩塑有圆塑和影塑两种，壁画内容有佛像、佛经故事、神怪、供养人等。

敦煌莫高窟外景

北魏灭掉北凉统一北方后，占据了河西。在这个时期，敦煌比较安定，百姓安居乐业，佛教随之盛行。北魏人就在莫高窟开凿洞窟13窟。

这一时期的彩塑以飞天、供养菩萨和千佛为主，圆塑最初多为一佛二菩萨组合，后来又加上了两弟子。塑像人物体态健硕，神情端庄宁静，风格朴实厚重。

■飞天　意为飞舞的天人。在我国传统文化中，天指苍穹，但也认为天有意志，称为天意。在佛教中，娑婆世界由多层次组成，有诸多天界的存在，这些天界的众生为天人，个别称为天神。

释迦牟尼 原名乔答摩·悉达多。古印度释迦族人，佛教创始人。成佛后的释迦牟尼，尊称为佛陀，意思是大彻大悟的人。“释迦”是他所属的部族释迦族的名称，有“能”“勇”的意思；“牟尼”意为“文”“仁”，所以汉文翻译有称“释迦文佛”等。

壁画前期多以土红色为底色，再以青绿、赭、白等颜色敷彩，色调热烈浓重，线条纯朴浑厚，人物形象挺拔，有西域佛教的特色。西魏以后，底色多为白色，色调趋于雅致，风格洒脱，具有中原的风貌。

典型洞窟有第二四九窟、第二五九窟、第二八五窟、第四二八窟等。如第二四三石窟里北魏时代的释迦牟尼塑像，巍然端坐，身上斜披印度袈裟，头顶扎扁圆形发髻，保留着犍陀罗样式。

敦煌莫高窟早期洞窟和洞窟中的壁画，可以说明外来宗教艺术对于直接描写生活的传统绘画的影响。

第二六七窟至第二七一窟中的十六国壁画已被隋代壁画覆盖，这一组洞窟的建筑形制和第二七二窟、第二七五窟两窟的窟形与壁画，以及三者关系都是独具特色的。

第二七二窟、第二七五窟中十六国时期的壁画有特殊风格，它是在土红色的背景上布满散花，人物半裸体，有极其夸张的动作。人体用晕染法表现体积感及肌肤的色调，但因年代久远，颜料变色，只能看见一些粗黑线条。

而根据某些保存了原来面貌的壁画片段，可知那黑色原来都是鲜丽的红色。具有这样风格的第二七二窟菩萨像和第二七五窟的《尸毗王本生故事图》，都是代表性作品。

菩萨像的身体重量放在右脚上，姿态从容妩媚，说明这一时期处理佛像形象出现新的方式，是根据现实生活选择被认为美丽的姿势来加以表现的。这一尊菩萨像和其他菩萨一样，都是从生活中进行摄取并加以提炼出美的形象。

《尸毗王本生故事图》画面上的尸毗王垂了一条腿坐着，有人用刀在他腿上割肉，另外有人手持天

菩萨 梵语菩提萨埵的简称。在佛教中的地位仅次于佛，是协助佛传播佛法，救助众生的人物。菩萨在古代印度佛教中为男子形象，流传到我国后，菩萨信仰深入人心，并且对世人而言，他具有深厚的人情味，因此，便逐渐转为温柔慈祥的女性形象。

色彩绚丽的壁画

《尸毗王本生画》

平，在天平的一端站着一只安静的鸽子，这样虽然说明了故事内容的一部分，却还不能比较概括地说明全部情节。

比如佛的前身尸毗王为了从鹰的口中救出鸽子的性命，愿意以和鸽子同等重量的一块自己的肉为赎。但割尽两股、两臂、两胁以及全身的肉，都仍然轻于鸽子。

最后他决心站在秤盘上去，结果天地震动，尸毗王得到完全平复，而且超过了以往。

《尸毗王本生》是北魏佛教壁画和一部分浮雕中流行的许多故事之一，这些故事都是说佛的前生如何为救助旁人而牺牲自己的故事，借以宣传佛教教义。

北魏洞窟的一般形式是有前室及正室两部分，前室作横长方形，具有向前向后两面坡的屋顶，椽与椽之间有成排的忍冬花纹装饰，又称为“人字坡图案”。

北魏洞窟的正室呈方形，中央有一中心方柱，中心柱上有佛龛及塑像，四壁都有壁画，窟顶装绘着划分为方格的平基图案。如第二五四窟、第二五七窟两窟就是这种形式的。

第二五四窟和第二五七窟的壁画比较丰富。其中第二五四窟的《尸毗王本生故事图》《萨埵那太子本生故事图》和第二五七窟的《鹿王本生图》是有名的北魏代表作。

《萨埵那太子本生故事图》和《鹿王本生图》这两幅本生图在风格上，特别是人物形象，具有和第二七二窟和第二七五窟壁画同样强烈的独特风格，但也明显地承袭了汉代绘画的传统，如树木、动物、山林、建筑物等。

《鹿王本生图》的横卷式构图，以及每一段落附有的文字榜题，都说明传统绘画在新形成的佛教美术中的重要作用。

佛教的本生故事都是以无止境地、不择对象地舍己救人，绝对地以牺牲自己为主题，这些故事都是利用百姓的口头传说加以渲染而成，所以不仅在文学描写上具有充满真实情感的片段，而且在一定程度上反映了普通百姓的善恶判断和在痛苦生活中产生的幻想与追求。

萨埵那太子本生故事图

《鹿王本生图》

所以对于萨埵那太子等人强烈同情心的想象，宣传舍己救人的美德，一方面就是反对剥削阶级所共有的自私自利的行为，但夸张到不合情理、敌我不分的地步，最主要的目的还是利用劳动人民的善良心理，发挥麻醉欺骗，忍受剥削和痛苦的作用。

北魏时代洞窟中表现这些本生故事的壁画一般是比较简单的，除了在内容上曲折地反映深受痛苦的人民生活以外，便是一些传统绘画的形象。

一些新创造的人物在动作体态上具有生活的真实感，而在构图上，充分展开情节的能力不高，但形象之间已经具有了一定内容上的联系，而不是单纯的罗列。

第二八五窟是莫高窟最重要的洞窟之一，它有年代确切的题记，并且表现出传统风格进一步的发展和莫高窟与中原地区石窟造像的联系。

第二八五窟有537年、538年的题记，这个时候，北魏已经分裂为东魏和西魏。西魏的瓜州刺史东阳王元荣，大力提倡佛教和佛教造像，元荣曾组织人抄写佛经，以100卷为一批，传播过数批佛经，他对于莫高窟的发展起到了一定的作用。

第二八五窟的窟顶中央是一“斗四藻井”，四面坡面上画的是日天、月天、雷神、飞廉、飞天，还有成排的在岩穴间的苦修者。苦修者的岩穴外面，有各种动物游憩于林下溪滨，窟顶的这些动物描写真实自然而又富于感情。

第二八五窟的四壁，大多是成组的一佛与两胁侍菩萨，但窟壁最上方，往往有飞天乘风飘荡，最下方有勇猛健壮的力士，南壁中部则是《五百强盗成佛图》。

这一部分壁画和北魏末年中原一带流行的佛教美术有共同的风格特点。例如菩萨和供养人清癯瘦削的脸型，厚重多褶纹的汉族长袍，在气流中飘动的衣带、花枝，建筑物的欹斜状态等。

第二八五窟是可以和同时代其他各地石窟及造像碑做比较的，石窟后壁的佛像，画风也大有不同，其

刺史 我国古代职官，汉初，文帝以御史多失职，命丞相另派人员出刺各地，不常置。公元前106年汉武帝始置。“刺”，检核问事之意。刺史巡行郡县，各置部刺史一人，后通称刺史。

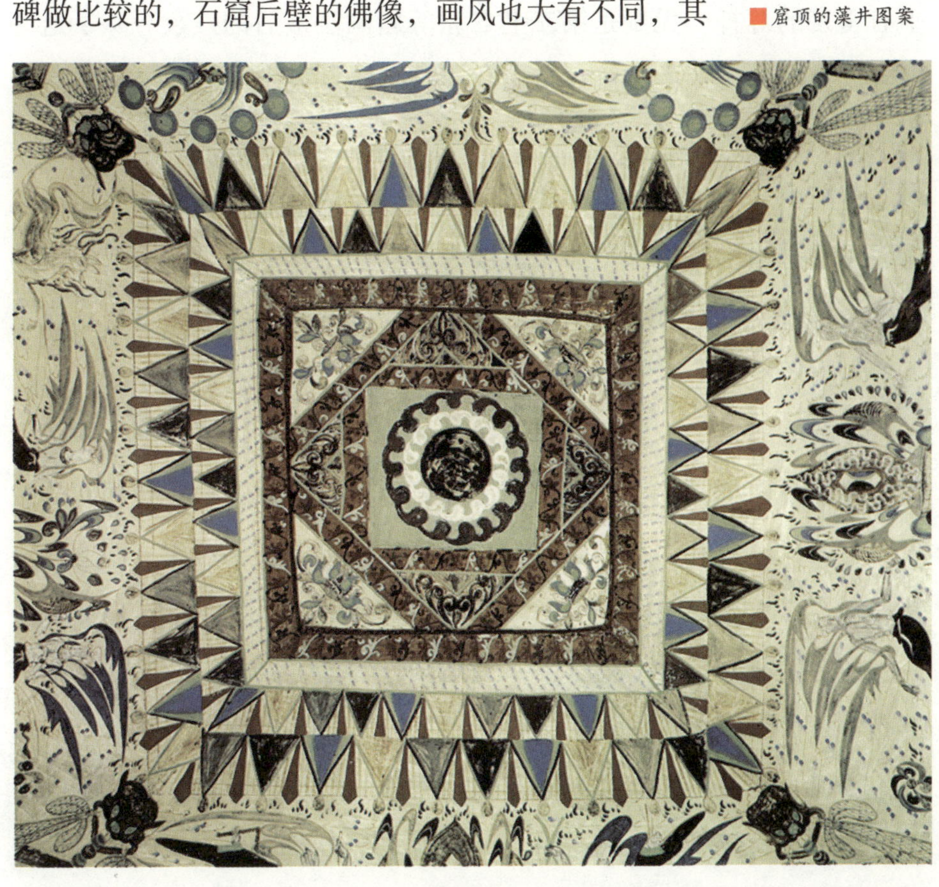

■窟顶的藻井图案

《报恩经变》的下部

中有密宗的尊神，无疑是第二七二窟等窟画法最后的残余。除了这些以外，第二八五窟的壁画也可以代表在传统基础上发展起来的宗教美术的新形式。

莫高窟北朝后期洞窟中还有完全承继汉代画风的，例如第二四九窟窟顶的狩猎图，它除描绘了活泼奔驰着的动物、人马和山峦树木的骑射图像外，并有青龙、白虎等异兽和非佛教神话中的东王公、西王母等人物形象。

《萨埵那太子本生故事图》及《须达那太子本生故事图》中都大量地描绘了山林和骑马的景象，更加可以说明民间画师在处理新的故事题材时，尽量利用自己熟悉的、传统的形象与表现形式，作为取得新的形式的基础。

《须达那太子本生故事图》也是流行的本生故事。说的是一个国王有一只六牙白象，力大善于战斗，敌国来攻时，常因象取胜。

敌国的国王们知道这个国王的儿子须达那乐善好施，有求必应，于是派了8个婆罗门前来找他求象，须达那果然把象牵出来施舍给他们了，他们8个人骑象欢喜而去。

得到消息的这一国国王和大臣们都大为惊骇，国王就把须达那和他的妻子儿女一齐驱逐出国。

须达那沿路行去，仍然不断地施舍，把财宝舍尽之后，又继续舍掉马车和衣服，最后把儿女也舍给人为奴婢，而更要舍掉妻子和自己。

故事的结尾是孩子们被卖的时候，被他们的祖父赎了出来，最后才把须达那夫妇也接了回来。

另外，飞天是莫高窟最有特色的标志，从十六国北凉到北魏，大约170年，此时期的敦煌飞天深受印度和西域飞天的影响，大体上是西域式飞天。但这一时期两个朝代的飞天特点也略有不同。

莫高窟在北凉时的飞天多画在窟顶平棋岔角和藻井装饰中，以及佛龛上沿与本生故事画主体人的头上。

龛 原指掘凿岩崖为空，以安置佛像之所。我国古代的石窟雕琢一般是神龛式，小龛又称椟。各大佛教遗迹中，四壁皆穿凿众佛菩萨之龛室。后世转为以石或木，做成橱子形，并设门扉，供奉佛像，称为佛龛；此外，也有奉置开山祖师像。

《须达那太子本生画》

五百强盗故事图

其造型和艺术特点主要是头有圆光、脸形椭圆，直鼻大眼，大嘴大耳、耳饰环绕，头束圆髻，或戴或蔓，或戴印度五珠宝冠，身材粗短，上体半裸，腰缠长裙，肩披大巾。由于晕染技法变色，成为白鼻梁、白眼珠，与西域龟兹等石窟中的飞天，在造型、姿态、色彩、绘画技艺上都十分相似。

由于莫高窟初建时，敦煌地区的画师画工尚不熟悉佛教题材和外来艺术，处于模仿阶段，运笔豪放，大胆着色，显得粗犷朴拙。

莫高窟存留下来的北凉石窟只有3个，最具有北凉风格特点的飞天，是第二七五窟北壁主体人物上方的几个飞天。

他们头有圆光，戴印度五珠宝冠，或头束圆髻，上体半裸，身体呈“U”字形，双脚上翘，或分手，或合手，作凌空飞行的姿势，但这种飞动的姿势显得十分笨拙，有下落之感。“U”字形的身躯也显得直硬，尚不圆润，还有印度石雕飞天的遗迹。

莫高窟北魏时期的飞天所画的范围扩大了，不仅画在窟顶平棋、窟顶藻井、故事画、佛龛上面，还画在说法图、佛龛内两侧。北魏的飞天形象，有的洞窟大体上还保留着西域式飞天的特点，但有一些洞窟里的飞天形象，已发生了明显的变化。

北魏时期的飞天脸形已由丰圆变得修长，眉清目秀，鼻丰嘴小，五官匀称谐调。头有圆光，或戴五珠宝冠，或束圆髻。身材比例逐渐修长，有的腿部相当于腰身的两倍。

这时飞天的飞翔姿态也多种多样，有的横游太空，有的振臂腾飞，有的合手下降，气度豪迈大方，势如翔云飞鹤。飞天落处，朵朵香花飘落，颇有“天花乱坠满虚空”的诗意。

虽然飞天的肉体与飘带已经变色，但衣裙飘带的晕染和线条十分清晰，飞天飞势动态有力，姿势自如优美。

莫高窟西魏时期的飞天，所画的位置大体上与北魏时期相同，只是西魏时期出现了两种不同风格特点的飞天：一种是西域式飞天，一种是中原式飞天。

西域式飞天继承北魏飞天的造型和绘画风格，其中最大的变化是作为香间神的乾闼婆，散花飞天抱起了各种乐器在空中飞翔，作为歌舞神的紧那罗，天宫伎乐，冲出了天空围栏，也飞翔于天空。

北魏时的飞天壁画

两位天神合为一体，成了后来的飞天，也叫散花飞天和伎乐飞天。其代表作品是第二四九窟西壁佛龛内上方的四身伎乐飞天。

中原式飞天，是东阳王元荣出任瓜州刺史期间，从洛阳带来的中原艺术画风在莫高窟里新创的一种飞天。

中原式飞天是我国道教飞仙和印度教飞天相融合的飞天，既使我国的道教飞仙失去了羽翅，裸露上体，脖饰项链，腰系长裙，肩披彩带，也使印度的佛教失去了头上的圆光和印度宝冠，束起了发髻，戴上了道冠。

中原式飞天人物形象宣传的是中原“秀骨清像”形，身材修长，面瘦颈长，额宽颐窄，直鼻秀眼，眉细疏朗，嘴角上翘，微含笑意。

中原式飞天最具代表性的是第二八二窟南壁上层的10多个飞天，头束双髻，上体裸露，腰系长裙，肩披彩带，身材修长，成大开口横“弓”字形，逆风飞翔。分别演奏腰鼓、拍板、长笛、横箫、芦笙、琵琶、阮弦、箜篌等乐。四周天花旋转，云气飘荡，衬托着飞天迎风而飞翔，身轻如燕，互相照应，自由欢乐，漫游太空。

第四二八窟中的伎乐飞天，造型丰富，或弹琵琶，或弹箜篌，或吹横笛，或击腰鼓，形象生动，姿态优美。尤其是南壁西侧的一身飞天，双手持竖笛，双脚倒踢紫金冠，长带从身下飘飞，四周天花飘落，其飞行姿态，像一只轻捷的燕子俯冲而下。

阅读链接

400年，李暠占据敦煌称王，建立西凉国。敦煌有史以来第一次成为国都，后来亡于北凉。

前凉、西凉、北凉三政权先后统治河西地区时，比较注重谨修内政，安民保境，轻徭薄赋，劝课农桑，崇尚儒学，兴办教育，使得河西地区社会安定，经济繁荣，文化昌盛。

在十六国时期，群雄逐鹿中原，战火四起，百姓流离失所，处于水深火热之中，而河西成为了相对稳定的地区。中原大批学士儒生和百姓纷纷背井离乡，逃往河西避难，给河西地区带来了先进的文化和生产技术。

隋唐时期莫高窟迅速发展

隋朝的建立，结束了西晋以来300余年的分裂局面，完成了统一中国的大业。

隋文帝收复河西时，相继平息了突厥、吐谷浑的侵扰，保证了丝

人马图

第三〇二窟的本生画

绸之路的畅通与繁荣，同时改北周以来的鸣沙县为敦煌县。

隋文帝平定了南方割据政权后，将大批南朝贵族连同其部族远徙敦煌充边，给敦煌带来了南方的文化和习俗。这样，南北汉文化在敦煌融为一体，使敦煌的地方文化更加富有明显的特色。

隋文帝崇信佛教，几次下诏各州建造舍利塔，诏命远至敦煌。大业初年，隋炀帝派吏部侍郎裴矩到张掖、敦煌一带了解丝绸之路及中西通商和贸易情况。

609年，炀帝西巡，在张掖举办了西域27国贸易交易大会，盛况空前。

在最高统治者的提倡下，隋代虽存在只有短短的37年，但在莫高窟开窟竟有90多个，而且规模宏大，壁画和彩塑技艺精湛，同时并存着南、北两种截然不同的艺术风格。

在有隋代壁画的90多个洞窟中，第三〇二窟、第三〇五窟、第四二〇窟、第二七六窟、第四一九窟，都是比较重要的。隋代和北朝晚期的一部分壁画时代界限，已经不容易划分清楚。

隋代洞窟的建筑形制和壁画题材，多与北魏时代

舍利 又称舍利子，原指佛教祖师释迦牟尼佛圆寂火化后留下的遗骨和珠状宝石样生成物。舍利子跟一般死人的骨头是完全不同的，它的形状千变万化，颜色也是各种各样。舍利子有的像珍珠；有的像玛瑙、水晶；有的透明；有的光明照人，就像钻石一般。

相似。窟形是当时流行的制底窟，壁画的布置，故事画多居于窟顶，四壁常画贤劫千佛或佛陀说法图。

但隋代洞窟的佛教故事画表现丰富，出现很多生活景象的具体描写，都简单而又有真实感，构图也比较复杂并多变化。可以说，隋代壁画是佛教美术的进一步成熟。

从西魏至隋代大约80年，这个时期的敦煌飞天形象，正处在佛教天人与道教羽人以及西域飞天与中原飞仙互相交流融合、创新变化的阶段，是中西合璧的飞天。

隋代是莫高窟飞天最多的一个时代，也是莫高窟飞天种类最多、姿态最丰富的一个时代，除了画在北朝时期飞天的位置，还主要分布在窟顶藻井四周、窟内上层四周和西壁佛龛内外两侧，多以群体出现。

隋代飞天的风格，可以总结为4个“不一样”，即区域特点不一样、脸形身材不一样、衣冠服饰不一样、飞行姿态不一样。

从总体上说，隋代飞天处在交流、融合、探索和创新的时期。总趋势是向着中国化的方向发展，为唐代飞天完全中国化奠定了基础。

莫高窟内的佛陀讲法壁画

莲花 我国的传统花卉，古名“芙渠”或“芙蓉”，从春秋战国时就曾用作饰纹。自佛教传入我国，便以莲花作为佛教标志，代表“净土”，象征“纯洁”，寓意“吉祥”。莲花因此在佛教艺术中成了主要的装饰题材。

最具有隋代风格的飞天，是第四二七窟和第四〇四窟的飞天，而第四二七窟则是隋代大型洞窟之一，也是隋代飞天最多的洞窟，此窟四壁上沿天宫栏墙之上飞天绕窟一周，共计108个。

第四二七窟的这108个飞天，皆头戴宝冠，上体半裸，项饰璎珞，手戴环镯，腰系长裙，肩绕彩带，多有西域飞天的形象、服饰的遗风，肤色虽已变黑，形象仍十分清晰。

她们有的双手合十，有的手持莲花，有的手捧花盘，有的扬手散花，有的手持箜篌、琵琶、横笛、竖琴等乐器，朝着一个方向绕窟飞翔。

第四二七窟飞天姿态多样，体态轻盈，飘曳的长裙、飞舞的彩带，迎风舒卷；在飞天四周，流云飘飞，落花飞旋，动感强烈，富有生气。

第四〇四窟是隋代中后期的一个中型洞窟，窟内

■飞天壁画

飞天手持莲花图

四壁上沿画天宫栏墙，栏墙上飞天绕窟一周，如同第四二七窟的飞天一样，姿态各异，有的手持莲花，有的手托花盘，有的扬手散花，有的手持各种乐器，朝着一个方向逆风飞翔，体态轻盈，姿势优美。

但第四〇四窟在首饰服饰上有了很大的变化，头无圆光，不戴宝冠，有的束桃型仙人髻，有的束双环仙人髻，有的束仙童髻，脸为蛋形，眉清目秀，身材修长，衣裙轻软，巾带宽长。衣饰、面容、身态如同唐代初期的飞天，已经完全中国化。

唐朝初期，在河西设立了肃、瓜、沙三州，河西全部归唐所属。

640年，唐太宗李世民一举铲除东西大道上以西突厥为主的障碍，确保了丝路古道的畅通无阻。

唐代的敦煌同全国一样，经济文化高度繁荣，佛教非常兴盛，这一时期，莫高窟开窟数量多达1000

箜篌 是十分古老的弹弦乐器，最初称“坎侯”或“空侯”，历史悠久、源远流长。古代除宫廷雅乐使用外，在民间也广泛流传，后来常用于独奏、重奏和为歌舞伴奏，并在大型民族管弦乐队中应用。在古代有卧箜篌、竖箜篌、凤首箜篌3种形制。

玄奘 汉传佛教史上最伟大的译经师之一，我国佛教法相唯识宗创始人。出家后遍访佛教名师。玄奘所译佛经，多用直译，笔法谨严，所撰有《大唐西域记》，为研究印度以及中亚等地古代历史、地理之重要资料。

余窟，保存下来的有232窟，而且壁画和塑像都达到极高的艺术水平。

645年，大唐著名的高僧玄奘到印度取经，返回时途经敦煌停留了一段时间，才回到长安。

在唐朝兴起的时候，我国西南部的吐蕃王朝日益强盛。“安史之乱”以后，唐王朝由鼎盛开始走向衰落，从此一蹶不振，吐蕃则乘虚进攻河西，攻陷了凉州、甘州、肃州等地，统治河西长达70多年。

吐蕃也信奉佛教，莫高窟的唐代洞窟中也保存了大量吐蕃时期的壁画艺术，藏经洞内保存了大量的吐蕃文经卷。

848年，敦煌百姓难以忍受吐蕃暗无天日的统治和奴隶般的生活，本地人张议潮乘吐蕃王朝发生内乱，联络当地各族群众，聚众起义，赶走吐蕃贵族，一举光复了沙州。

莫高窟前的石塔

张议潮经过10多年的斗争，全部收复了河西、河湟等地，并遣使奉表归唐。唐王朝封张议潮为河西、河湟十一州节度使，建归义军，治理沙州。

后来，朝廷诏张议潮入朝为官，沙州张氏宗族内乱，其孙张承奉继任节度使，背叛大唐自立为“西汉金山国”，自称“金山白衣天子”。

在此时，甘州回鹘也控制了河西走廊中部地区。“金山国”为打通东西交通，与回鹘交战，结果一败涂地。后回鹘攻打沙州，张承奉难以抵挡，只好投降。

反弹琵琶图

914年，金山国亡，张氏绝后，沙州长史曹议金取代节度使地位，统领瓜、沙两州。

在曹氏统治期间，笼络瓜、沙族，注意发展生产，重视经济、军事和文化建设，改善同周围各民族的关系，东交回鹘，西联于阗，与邻邦各国和睦相处，保持了稳定和安宁，这种情况维持了130多年。

隋唐可以说是莫高窟发展的全盛时期，共留下洞窟300多窟。禅窟和中心塔柱窟在这一时期逐渐消

回鹘 我国西北古代重要的民族，其全盛时期为8世纪至9世纪，以鄂尔坤河畔为据点，而进入中亚。该族最初为铁勒之一部，在突厥统治之下，至隋代时独立，后隶属于唐。

第一五九窟的供养菩萨图

失，而同时大量出现的是殿堂窟、佛坛窟、四壁三龛窟、大像窟等形式，其中殿堂窟的数量最多。

塑像都为圆塑，造型浓丽丰满，风格更加中原化，并出现了前代所没有的高大塑像。群像组合多为7尊或者9尊，隋代多是一佛、两弟子、两菩萨或四菩萨；唐代多是一佛、两弟子、两菩萨和两天王，有的还加上两力士。

这一时期的莫高窟壁画题材丰富、场面宏伟、色彩瑰丽，美术技巧达到空前的水平。如中唐时期制作的第七十九窟胁侍菩萨像中的样式，上身裸露，做半跪坐式。

塑像头上合拢的两片螺圆发髻，是唐代平民的发式。脸庞、肢体的肌肉圆润，施以粉彩，肤色白净，表情随和温存。虽然眉宇间仍点了一颗印度式红痣，却更像生活中的真人。

在第一五九窟中，也是胁侍菩萨。

塑像上身赤裸，斜结璎珞，右手抬起，左手下垂，头微向右倾，上身有些左倾，胯部又向右突，动作协调，既保持平衡，又显露出女性化的优美身段。

另外一位菩萨全身着衣，内外几层表现清楚，把身体结构显露得清晰可辨。衣褶线条流利，色彩艳丽绚烂，配置协调，身材修长，比例恰当，使人觉得这是两尊有生命力的“活像”。

整个唐代，大约300年，这个时期的敦煌飞天在本民族传统文化艺术的基础上，不断吸收印度飞天的成分，融合西域、中原飞天的成就，发展创作出了自己的特色。

从十六国起，历经北凉、北魏、西魏、北周、隋代5个朝代，百余年的时间，完成了敦煌飞天中外、东西、南北的互相交流、吸收、融合。

至唐代，敦煌飞天进入成熟时期，艺术形象达到了最完美的阶段，这一时期的敦煌飞天已少有印度、西域飞天的风貌，是完全中国化的飞天。

唐代是莫高窟大型经变画最多的朝代，窟内的四壁几乎被大型经变画占领，飞天也主要画在大型经变画中。在题材上，一方面表现大型经变画中的佛陀说法场面，散花、歌舞、礼赞作供养；另一方面表现大型经变，如佛国天界、西方净土、东方净土等极乐世界的欢乐。

唐代飞天飞绕在佛陀的头顶，或飞翔在极乐世界的上空。有的脚踏彩云，徐徐降落；有的昂首振臂，腾空而上；有的手捧鲜花，直冲云霄；有的手托花盘，横空飘游。

飞天那飘逸的衣裙、飞卷的舞带，真如唐代诗人李白咏赞仙女的诗中“素手把芙蓉，虚步蹑太清。霓裳曳广带，飘拂升天行”描写的诗情画意。

唐代敦煌石窟的艺术，可以划分为初唐、盛唐、中

李白 字太白，号青莲居士，唐朝诗人，有“诗仙”之称。一生不以功名显露，却高自期许，不畏权势，藐视权贵，肆无忌惮地嘲笑以政治权力为中心的等级秩序，批判当时腐败的政治现象，以大胆反抗的姿态，推进了盛唐文化中的英雄主义精神。

仙女飞天壁画

■ 第三二一窟飞天壁画

唐、晚唐4个阶段，这4个阶段又可划分为两个时期：618–781年，就是唐王朝直接统治敦煌地区时期；781–907年，就是吐蕃族侵占敦煌地区和河西归义军节度使张议潮管辖敦煌地区时期。

艺术风格最能体现时代的政治、经济、社会形态。唐代前期的飞天具有奋发进取、豪迈有力、自由奔放和奇姿异态，变化无穷的飞动之美。这与唐王朝前期开明的政治、强大的国力、繁荣的经济、丰富的文化和开放的奋发进取的时代精神是一致的。

第三二一窟西壁佛龛两侧各画两身双飞天，这两身飞天，飞翔姿态十分优美。

尽管飞天的面容、肉体已变成绛黑色，但眉目轮廓、肉体姿态、衣裙彩带的线条十分清晰，身材修长，昂首挺胸，双腿上扬，双手散花，衣裙巾带随风舒展，由上而下，徐徐飘落，像两只空中飞游的燕子，表现出了潇洒轻盈的飞行之美。

第三二〇窟的四飞天画在南壁《西方净土变》中阿弥陀佛头顶华盖的上方，每侧两身，以对称的形式，围绕华盖，互相追逐：一个在前，扬手散花，反身回顾；另一个举臂托篮，紧追不舍，前呼后应，表

涅槃 佛教用语，指清凉寂静，恼烦不现，众苦永寂；具有不生不灭、不垢不净、不增不减，远离一异、生灭、常断等的中道体性意义，也即成佛。佛教认为，轮回是一个必然过程，人死后，“识”会离开人体，进入另一个新生命体内，该生命体可以是人类，也可以是动物、鬼、神。只有涅槃，方可摆脱轮回。

现出一种既奋发进取，又自由轻松的精神力量和飞行之美。

飞天的四周，彩云飘浮，香花纷落，既表现飞天向佛陀作供养，又表现佛国天堂的自由欢乐。飞天的肉体虽已变黑，面容不清，但人体比例准确，线条流畅有力，色彩艳丽丰富，是唐代飞天代表作之一。

唐后期最有代表性的飞天是画在中唐第一五八窟西壁大型《涅槃经变》图上方的几身飞天。这几身飞天围绕《涅槃经变》图上层的菩提树宝盖飞翔，有的捧着花盘，有的捧着璎珞，有的手擎香炉，有的吹奏羌笛，有的扬手散花。

飞天神情平静，并无欢乐之感，在庄严肃穆的表情中透露出忧伤悲哀的神情，体现出了一种“天人共悲”的宗教境界，同时，也反映出唐代后期国力衰败和当时吐蕃族统治下的敦煌地区期盼回归大唐的情绪。

阅读链接

研究认为，敦煌画师的来源主要有4种：第一是来自西域的民间画师；第二是朝廷的高级官吏获罪流放敦煌时携带的私人画师；第三是高薪聘请的中原绘画高手；第四是来自五代时期官办敦煌画院的画师。

在敦煌文献中，所有的画师都被称为画匠或画工，可见画师们主要来自民间，社会地位并不高，他们创作壁画时很可能就住在阴暗潮湿的洞窟里。壁画中大量的田间劳动场景，活生生地再现了当时的经济状态和科技水平。

敦煌画师们绘成了精美绝伦的壁画，而关于他们的记载却几乎是空白，所以，他们的生平总能激起艺术家的无限想象。

五代宋元莫高窟走到极致

五代和宋朝的时候，敦煌莫高窟存留下来的有100多窟，多为改建、重绘的前朝窟室，形制主要是佛坛窟和殿堂窟。

从晚唐至五代，统治敦煌的张氏和曹氏家族均崇信佛教，为莫高

《五台山图》

窟出资甚多，因此供养人画像在这个阶段大量出现，内容也很丰富。

塑像和壁画都沿袭了晚唐的风格，但越到后期，其形式就越显公式化，美术技法水平也有所降低。

这一时期的典型洞窟有第六十一窟和第九十八窟等，其中第六十一窟的地图《五台山图》是莫高窟最大的壁画，高5米，长13.5米，绘出了山西五台山周边的山川地形、城池寺院、亭台楼阁等，堪称恢宏壮观。

西夏王妃供养图

在11世纪初，西北地区的党项族开始兴起，逐步强大起来。1028年取胜甘肃回鹘，继而攻陷瓜州、沙州，称霸河西，于1038年建立了西夏王朝。于是，在当时形成了宋、辽、西夏三足鼎立的局面。

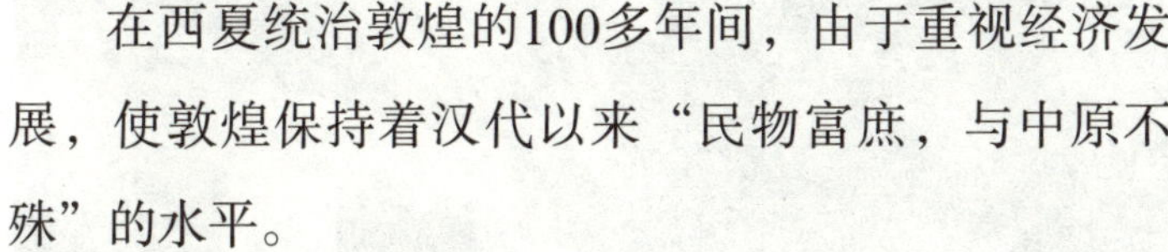

在西夏统治敦煌的100多年间，由于重视经济发展，使敦煌保持着汉代以来“民物富庶，与中原不殊”的水平。

西夏统治者崇信佛教，也不排斥汉文化，在文化艺术方面有了较大的发展。

千百年来，莫高窟和榆林窟保存着大量丰富而独特的西夏佛教艺术，举世闻名的“敦煌遗书”即在西夏统治时期封藏于莫高窟第十七窟内。

1206年，元太祖铁木真统一漠北各部族，成立了

党项 原来居住在四川松潘高原，唐朝时迁居陕北。1038年，首领李元昊在我国西北大地建立了一个与北宋、大辽鼎立的王国，那就是“大夏”封建王朝，西夏语为“大白高国”。因其位于同一时期的宋、辽两国之西，历史上称之为“西夏”。

强大的部落联盟。

1227年，蒙古大军灭西夏，攻克沙州等地，河西地区归元朝所有。此后，敦煌为沙州路，隶属甘肃行中书省，后为沙州总管府。

元朝远征西方，必经敦煌。当时瓜、沙两州屯兵济济，营寨栉比，屯垦农兵遍布党河和疏勒河流域。敦煌一度呈现出经济文化繁荣的景象，和西域的贸易更加频繁。

著名旅行家意大利人马可·波罗就是这一时期途经敦煌漫游到中原各地的。元朝统治者也崇信佛教，使得莫高窟的开造得以延续。

莫高窟共有西夏和元代的洞窟85窟，其中西夏修窟77窟，多为改造和修缮的前朝洞窟，洞窟形制和壁画雕塑基本沿袭了前朝的风格。一些西夏中期的洞窟出现回鹘王的形象，可能与回鹘人有关。而到了西夏晚期，壁画中又出现了西藏密宗的内容。

元代洞窟只有8窟，全部是新开凿的，出现了方形窟中设圆形佛坛形制，壁画和雕塑基本上和西藏密宗有关。典型洞窟有第三窟、第六十一窟和第四六五窟等。

莫高窟外景

从五代至元代，大约460年，这一时期的敦煌飞天继承唐代余风，图形动态上无所创新，逐步走向公式化，已无隋代时创新多变和唐代时的进取奋发精神。

第十六窟的说法图

飞天的艺术水平和风格特点虽有不同，但一代不如一代，逐渐失去了原有的艺术生命力。

不过历代政权都崇信佛教，在莫高窟、榆林窟新建和重修了大量洞窟，并且建有画院，聘用了一些当时著名的画匠。他们继承仿效唐代风格特点，在榆林窟和莫高窟也留下了一些上乘的飞天之作。其代表作品是榆林窟第十六窟和莫高窟第三二七窟中的飞天。

榆林窟第十六窟是五代早期的一个洞窟，窟内所画的飞天，虽然没有唐代飞天的生动活泼、身姿俏丽，但装饰性非常好。

例如第十六窟中一个弹古筝和一个弹箜篌的飞天，画得很完美。飞天皆头束发髻，弯眉大眼，直鼻小唇，脸形丰圆，耳垂环绕，半裸上体，胸饰璎珞，臂饰镯钏，腰系长裙，赤脚外露，双手娴熟地弹拨琴弦，姿态优雅。

第十六窟最大的特点是飞天飞舞的巾带之长是身体的3倍，飞舞的巾带中间有飘旋的花朵，飞舞的巾带下面有彩云流转，飞天好似逆风翱翔在彩云上，整个画面对称均等，装饰性很强。

第三二七窟中的飞天一手托花盘，一手弹凤首箜篌，逆风飞翔，衣裙飘曳，长带飞舞，飞天身上，鲜花纷落，飞天身下，彩云飞旋，虽无唐代飞天的气势，但其飞行动态也很生动，可以说是宋代飞天的

密宗 又称为真言宗、金刚顶宗、毗卢遮那宗、秘密乘、金刚乘等。综合各国的传承，统称为“密教”。8世纪时，印度的密教，由善无畏、金刚智、不空等祖师传入我国，从此修习传授形成密宗。此宗以密法奥秘，不经灌顶，不经传授不得任意传习及显示别人，因此称为密宗。

代表作品。

莫高窟西夏时期的飞天，一部分沿袭宋代的风格，一部分具有西夏独特的风格，最大的特点是把西夏党项族人物风貌和民俗特点融入了飞天的形象，脸形长圆，两腮外鼓，深目尖鼻，身体健壮，身穿皮衣，多饰珠宝，世俗性很强。

其中具有代表性的是第九十七窟中的童子飞天，该窟西壁佛龛内侧，各画一处童子散花飞天，形象、姿态、衣服相同，头顶秃发，两侧梳小辫，圆脸细眉，眼角上翘，赤膊光腿，肌肉丰满，体格健壮。臂饰珠镯宝钏，腰系兽皮肚围，脚穿短筒皮靴。

童子飞天一手持莲花，一手持花盘，一腿弯曲，一腿上扬，由上而下飞行。背上彩带飞舞，飞动气势不强。这两个飞天已无早期神天佛国乐神和歌神的神态，也无唐代飞天婀娜多姿的风韵。

■ 千手千眼观音经变画

如果抹去童子飞天臂上的巾带，脚下的彩云完全是一位党项族打扮的男童，从人物形象、发式、衣饰上看，都表现出了西夏党项族的特点和生活风格。

元代时期，广泛流行密宗，分藏密和汉密，藏传密宗艺术中无飞天，汉传密宗艺术中存留的飞天也不多。

其中具有代表性的是画

■观音 就是我国民间常说的观音菩萨，有称观世音菩萨、观自在菩萨、光世音菩萨等，是四大菩萨之一。传说，她具有无量的智慧和神通，大慈大悲，普救人间疾苦。当人们遇到灾难时，只要念其名号，便前往救度，所以称观世音。

在第三窟南壁和北壁《千手千眼观音经变图》上方两角的四身飞天，北壁《观音经变图》上方两身飞天造型较为完美。

敦煌飞天，经历了千余年的岁月，展示了不同的时代特色和民族风格，许多优美的形象、欢乐的境界、永恒的艺术生命力至今仍然吸引着人们。

敦煌莫高窟壁画堪称世界一绝，那么究竟是谁绘成了这些堪称世界艺术瑰宝的敦煌壁画呢？人们一直期待从莫高窟北区找到关于壁画作者的千古谜底，甚至肯定地认为，莫高窟北区的很多洞窟是敦煌画师的住所。

但是来自北区洞窟的发现表明，这些洞窟是僧人居住修行或印制佛经的地方，这使得关于壁画作者的千古之谜更加扑朔迷离。

根据对敦煌壁画题记和敦煌文献的研究，只有10世纪左右的壁画画工有零星资料，而在4世纪至9世纪的壁画中，找不到关于作者的任何资料。

浩繁的敦煌文献和大量壁画题记中，有关壁画作者的题记和文献记载，总共只有40多条，有名有姓的壁画作者仅有平咄子等12人。

在开凿于元代的第三窟南、北两壁，画着极其精美的千手千眼观音像，这两幅千手千眼观音像以线写形，以色显容，用遒劲有力的线

条勾勒人物轮廓，轮廓内再淡施晕染，有些不施色彩却见肌肤，被公认为是敦煌壁画的极品。

千手千眼观音经变图壁画的落款为“甘州史小玉笔”，专家认为史小玉应该是甘肃张掖人，但史小玉很可能是艺名而非真名，至于其生平已经无从考证。

自元朝以后，千里河西逐渐失去了昔日的光彩。

阅读链接

朱元璋建立明朝以后，为扫除元残部，派宋国公冯胜率兵三路平定河西获胜，修筑了嘉峪关明长城，重修了肃州城。明王朝为了加强西北边疆的防卫，设置了关西七卫。

1405年，明王朝在敦煌设沙州卫。后吐鲁番攻破哈密，敦煌面临威胁。明王朝又在沙州古城设置罕东左卫。1516年，敦煌被吐鲁番占领。

1524年，明王朝下令闭锁嘉峪关，将关西平民迁徙关内，于是废弃了瓜、沙两州。此后200余年，敦煌旷无建置，成为“风播楼柳空千里，月照流沙别一天”的荒漠之地了。

龙门石窟

龙门石窟是我国著名四大石刻艺术的宝库之一，位于河南省洛阳南郊的伊河两岸。

经过北魏至北宋400余年的开凿，至今仍存有窟龛2100多个、雕像11万余尊、碑刻题记3600余品，多在伊水西岸。数量之多位于我国各大石窟之首。它们反映了我国古代政治、经济、宗教、文化等许多领域的发展变化，对我国石窟艺术的创新与发展做出了重大贡献。

大禹劈开神奇龙门

龙门又称阙塞、伊阙，地处洛阳以南的伊河两岸。河西为龙门山，又称天竺山；河东因产香葛，故称香山。于是呈现出苍翠突兀的两座岫丘，伊河从中由南向北穿流而过，这正是宋代苏过所描绘的

龙门石窟全景

“峥嵘两山门，共挹一水秀”的天阙奇观。

伊河是从西南方向奔泻过来，沿河上溯，两旁远远地有熊耳山和外方山逶迤夹峙，至伊川县西南边界处，两座山渐渐靠近，分别突起两座山峰，叫作九皋山和海峰山。隔河相视，犹如一个天然的门阙一般。

传说很早以前，龙门还未凿开，伊水流到这里便被龙门山挡住了，就在山南积聚了一个大湖。

居住在黄河里的鲤鱼听说龙门风光好，都想去观光。它们从孟津的黄河里出发，通过洛河，又顺伊河来到龙门水溅口的地方，但龙门山上无水路，上不去，它们只好聚在龙门的北山脚下。

“我有个主意，咱们跳过这座龙门山怎样？”一条大红鲤鱼对大家说。

“那么高，怎么跳啊？”

“跳不好会摔死的。”

伙伴们七嘴八舌拿不定主意，大红鲤鱼便自告奋勇地说：“我先

■洞窟口外北侧的金刚力士

跳，试一试。”只见它从半里外就使出全身力量，像离弦的箭一般向龙门冲去，然后纵身一跃，一下子跳到半天云里，带动着空中的云和雨往前走。

一团天火从身后追来，烧掉了大红鲤鱼的尾巴，它忍着疼痛，继续朝前飞跃，终于越过龙门山，落到山南的湖水中。

山北的鲤鱼们见此情景，一个个被吓得缩在一块儿，不敢再去冒这个险了。

这时，忽见天上一条巨龙说：“不要怕，我就是你们的伙伴大红鲤鱼，因为我跳过了龙门，就变成了龙，你们也要勇敢地跳呀！”

鲤鱼们听了这些话，受到鼓舞，开始一个个挨着跳龙门山。可是除了个别的跳过去化为龙以外，大多数过不去。凡是跳不过去，从空中摔下来的，额头上就落一个黑疤。直至今天，这个黑疤还长在黄河鲤鱼的额头上呢！

后来，唐朝大诗人李白，专门为了这件事写了一首诗：

黄河三尺鲤，本在孟津居，
点额不成龙，归来伴凡鱼。

龙 在我国古代的神话与传说中，龙是一种神异的动物。传说蛟龙能显能隐，能细能巨，能短能长。春分登天，秋分潜渊，呼风唤雨，无所不能。在我国神话中是海底的龙王，在我国民间是祥瑞的象征，在古时则是帝王的化身。

那时龙门东、西两山是连在一起的，山的西南边，由于数山夹峙，形成了一个大大的湖泊。伊水滔滔不绝，那湖泊也不断加大，侵蚀了沿岸的良田和村庄，人们只好背井离乡，跑到四周的山上避难。

后来，大禹治水来到了这里。他采用的是疏导川河的办法。他登上高高的海峰山上仔细地观察了地形，就扛着大斧来到龙门山，一斧子把山劈开了一道沟槽，两山夹沟，恰如墙上开了门洞，让滚滚洪水穿门而过，流入黄河。

于是，湖水消退了，只留下中间那条长年流淌的伊河以及河两岸平坦肥沃的良田。

为了纪念大禹，人们在当年避难的海峰山上建了一座海渎庙，四时供奉禹爷，香火不断。

不知什么时候，佛祖领着菩萨、天王、力士诸弟

天王 即佛教四天王，原指古印度神话中的战将，后被佛教宣传为4个重要的护法神，各守护东、南、西、北4个方向，以护持佛法。天王一般为身穿甲胄，面容威严，手持武器，足踏夜叉。以后在我国的寺庙中，四天王手中分别持剑、琵琶、伞、蛇等物，象征风、调、雨、顺。

龙门石窟的佛像

子出行到龙门口，望着禹泄洪的工程那么绝妙合理，而且造就了那么宜人的景色，就喜欢得不想走了，立在那里久久地欣赏。

无数起伏的河波把他们的神光四散反射开去，就在两岸的岩壁上印化下了大大小小、高低错落的影子。

影子散落周边，就形成了石窟塑像，表情有的慈善，有的英武，有的凶猛，有的挤眉弄眼不那么庄重，传说这就是龙门最早的石像。

龙门西山有一个“禹王池”。方正的石砌浅池里，温泉喷涌，热气飘荡，水草摆动，细虾闲游，更矗立一嫩绿色稀奇石柱。出水处，为一石雕蛤蟆嘴，将清泉抛珠倾玉般撒下，又构成飞瀑妙影。

相传大禹劈开龙门后，这一带风调雨顺，五谷丰登，于是大禹放心地向东去治水了。不久之后，来了个蛤蟆精，蛤蟆精一口将伊河吸干，两岸沃田成年浇不上一滴水，田地干裂，禾苗枯死。

后来，大禹巡视水情回到龙门，听百姓们诉说了灾情，十分气愤，就带着开山用的石凿来寻找蛤蟆精，为民除害。

蛤蟆精看到大禹气冲冲赶来，知道不

大禹 姒姓夏后氏，名文命，字高密，号禹，后世尊称大禹，夏后氏首领，传说为黄帝轩辕氏第六代玄孙。他是我国传说时代与尧、舜齐名的贤圣帝王，他最卓著的功绩，就是历来被传颂的治理滔天洪水，又划定中国国土为九州。后来，大禹的儿子启创建了我国第一个世袭王朝，就是夏朝，因此，后人也称他为夏禹。

石窟敬西洞正壁的倚坐佛

妙，但仍然壮起胆子，鼓起肚皮嚷嚷：

此处风光好，就该由我保；
禹王快走开，免得惹祸灾！

龙门石窟佛像

大禹轻笑一声，冷眉斥骂蛤蟆精祸害百姓，死到临头还嘴硬。蛤蟆精一看恐吓不行，就张开血盆大口，“呱”的一声，吐出一股夹着腥臭味的黑风，直吹得飞沙走石，天昏地暗，狂雨骤降，伊河暴涨。

那伊河水掀起数丈高的大浪直向大禹扑来，大禹早有提防，纵身一跳，跃上山冈。

蛤蟆精见大浪砸不住大禹，就把身子胀得比牛还大，双腿一弹，跳起来吞吃大禹。

好个大禹，不慌不忙，待蛤蟆精将到面前时，一凿打去，正打在蛤蟆背上。试想，大禹整年开山挖沟，练得何等神力，直砸得蛤蟆精“呱哇”一声，断了脊梁骨，跌落在山脚。顿时，风也停了，雨也住了，水也消了。蛤蟆精挣扎几下，想爬进伊河溜走逃命。大禹哈哈一笑，朗声唱道：

蛤蟆精，蛤蟆精，
石凿底下吐清泉，
浇灌良田添胜景。

龙门石窟的众多佛像

唱罢，将石凿向山冈下投去，只听“扑”的一声，戳穿了蛤蟆精的脊背，将它钉在了山石上。从此，石凿下清泉喷涌，流淌不息，浇灌着伊河两岸的沃土。老辈人观察，不管天多阴多旱，那清泉总是脸盆粗的一股流出蛤蟆嘴，不见多，不见少。

阅读链接

隋炀帝定都洛阳后，因皇宫大门正对伊阙，古代帝王又以真龙天子自居，因此而取名“龙门”，并沿用至今。

举世闻名的龙门石窟就雕琢在伊河两岸的山崖上，南北长约1000米。“龙门山色”自古即为洛阳八景之首。北魏以来，这里松柏苍翠，寺院林立，至唐代有10寺最为有名。

山脚处泉水汩汩，伊水碧波荡漾，唐代时行船往来，穿梭其中。精美的雕像与青山绿水交相辉映，形成了旖旎葱茏、钟灵毓秀的龙门山色、伊阙风光。

我国古代历史上曾有许多文人墨客、帝王将相、高僧大德徜徉于此，赋诗吟诵。

北魏首开龙门石窟

从魏孝文帝迁都洛阳到孝明帝时期的35年间，是龙门开窟雕造佛像的第一个兴盛时期。这一时期开凿的洞窟大都集中在龙门的西山上，约占龙门石窟造像的1/3。其中最著名的有古阳洞、宾阳三洞、药

古阳洞的龛楣雕饰

古阳洞的坐佛

方洞等10多个大中型洞窟。

古阳洞在龙门山的南段，开凿于493年，这一年正是北魏王朝孝文帝迁都洛阳的那一年。

古阳洞是龙门石窟造像群中开凿最早、佛教内容最丰富、书法艺术最高的一个洞窟。它规模宏伟、气势壮观。洞中北壁刻有楷体“古阳洞”3个字，至清末光绪年间，道教徒将主像释迦牟尼涂改成太上老君的形象，讹传老子曾在这儿炼丹，所以古阳洞又叫老君洞。

古阳洞是由一个天然的石灰岩溶洞开凿成的。窟顶无莲花藻井，地面呈马蹄形。主像释迦牟尼，着双领下垂式袈裟，面容清瘦，眼含笑意，安详地端坐在方台上，侍立在主佛左侧的是手托宝瓶的观音菩萨，右边的是拿摩尼宝珠的大势至菩萨，他们表情文静，仪态从容。

古阳洞大小佛龛多达数百，雕造装饰十分华丽，特别是表现在龛的外形、龛楣和龛额的设计上，丰富多彩，变化多端。

有的龛是莲瓣似的尖拱，有的是屋形的建筑，有的是帷幔和流苏，并且在龛楣上雕琢有佛传故事。

如：古阳洞南壁释迦多宝龛上，有树下诞生、步

太上老君 我国道教对老子的神化称呼。多种道教经典对老子有各种神化说法，大致说老子以“道”为身，无形无名，生于天地之先，住于太清仙境，长存不灭，常分身化形降生人间，为历代帝王之师，伏羲时为郁华子，神农时为大成子，祝融时为广成子。

步生莲、九龙灌顶等。讲述的是悉达多从他母亲摩耶夫人的右腋下诞生，刚出生，就走了7步，每一步脚印都生出一朵莲花，这叫步步生莲，他站在方台上，天空中有9条龙为他喷水沐浴。

古阳洞是北魏皇室贵族发愿造像最集中的地方。这些达官贵人不惜花费巨资，开凿窟龛，以求广植功德，祈福免灾。而且，所遗留下的书法珍品“龙门二十品”，古阳洞中就占有十九品，另一品在慈香窟中。

龙门二十品是指从北魏时期精选出不同的二十块造像题记，它们记载着佛龛的雕琢时间、人物、目的等。

龙门二十品的特点是，字形端正大方、气势刚健质朴，结体、用笔在汉隶和唐楷之间。

清代学者康有为曾大力提倡全国书写要用魏碑体，而龙门二十品仍有无穷的艺术魅力，每年吸引无数的书法爱好者，甚至从海外漂洋过海，为的是能够亲眼目睹这一书法奇珍。

古阳洞中大小列龛多达数百，不但佛教故事最

袈裟 为佛教僧众所穿着的法衣，以其色不正，故有此名。又作袈裟野、迦罗沙曳、迦沙。意译为坏色、不正色、赤色等。又称为“百衲衣”。衲，义为补缀。僧人以善主施物为生，袈裟同样是由多家施舍的布块缝制而成，故称“百衲衣”，象征广结善缘之意。

古阳洞的站立佛像

多，龛上图案的装饰也十分精美华丽，严谨完整，丰富多彩。

宾阳三洞的宾阳中洞是北魏时期代表性的洞窟。“宾阳”意为迎接出生的太阳。宾阳三洞开凿于北魏时期，是北魏的宣武帝为他父亲孝文帝做功德而建。

它开工于500年，历时20多年，用工达80多万个，后由于发生宫廷政变以及主持人刘腾病故等原因，计划中的3窟洞窟，包括宾阳中洞、南洞、北洞等仅完成了宾阳中洞这一窟，南洞和北洞都是到初唐才完成了主要造像。

宾阳中洞内为马蹄形平面，穹隆顶，中央雕琢重瓣大莲花构成的莲花宝盖，莲花周围是8个伎乐天人和2个供养天人。它们衣带飘扬，迎风翱翔在莲花宝盖周围，姿态优美动人，洞内为三世佛题材，即过去、现在、未来三世佛。

宾阳中洞主佛为释迦牟尼，他是佛教的创始人，原名叫乔达摩·悉达多，原是古印度净饭王的儿子。他和孔子生活在同一时代，比孔子要年长12岁。他在29岁时出家修行，经过6年，悟道成佛，创立

宾阳中洞的穹隆顶

了佛教。

由于北魏时期崇尚以瘦为美，所以主佛释迦牟尼面颊清瘦，脖颈细长，体态修长。衣纹密集，雕琢手法采用的是北魏的平直刀法。

宾阳中洞的主佛

而又因为北魏孝文帝迁都洛阳后实行了一系列的汉化政策，所以洞中主佛的服饰一改云冈石窟佛像那种偏袒右肩式袈裟，而身着宽袍大袖袈裟。

释迦牟尼左右侍立两弟子、两菩萨。两菩萨含睇若笑，文雅敦厚。左右壁还各有造像一组，都是一佛、两菩萨，着褒衣博带袈裟，立于覆莲座上。

宾阳中洞中前壁南、北两侧，自上而下有4层精美的浮雕。第一层是以《维摩诘经》故事为题材的浮雕，叫作“维摩变”，第二层是两则佛本生故事，第三层为帝后礼佛图，第四层为“十神王”浮雕像。

特别是位于第三层的帝后礼佛图，反映了宫廷的佛事活动，刻画出了佛教徒虔诚、严肃、宁静的心境，造型准确，制作精美，代表了当时风俗画的高度发展水平，具有重要的艺术价值和历史价值。

宾阳南洞的洞窟为北魏时期开凿，但洞中几尊主要的佛像都是在初唐完成的。洞中主佛为阿弥陀佛，面相饱满，双肩宽厚，体态丰腴，体现了唐朝以胖为美的风格。

宾阳南洞正壁的坐佛

宾阳南洞是唐太宗李世民的第四子魏王李泰在北魏废弃的基础上续琢而成，为其生母长孙皇后做功德而建，属于过渡时期的作品。

在北魏晚期还开凿过一些很有特点的洞窟，如药方洞、莲花洞、火烧洞、皇甫公洞、魏字洞等。

其中比较著名的就是药方洞，药方洞因其洞窟内刻有大量古代的药方而得名。它始凿于北魏晚期，经东魏、北齐，唐初还仍有雕琢。

洞中5尊佛像，身躯硬直少曲线，脖子短粗，身体硕壮，菩萨头冠两旁的带子很长，下垂到胳膊上部。这都是北齐造像的特征。

洞门两侧刻有药方150多种，所用药物多是植物、动物和矿物药。药方涉及内科、外科、小儿科、五官科等，所涉及药材在民间都能找到，很大程度上方便了老百姓。

这些药方不仅可以治疗常见的疾病，而且能治疗疑难杂症，如疗噎方可以治疗食管癌，再如治疗消渴，也就是糖尿病，这些药方比唐代医学家孙思邈的《备急千金要方》还要早。

其中有95服药方在10世纪被一位日本学者收录在《医心方》中，足见它的价值和影响。药方洞的药方是我国现存最早的石刻药方，对研究我国医药学起重要的作用。

莲花洞因窟顶雕有一朵高浮雕的大莲花而得名，大约开凿于北魏年间。莲花是佛教象征的名物，意为出污泥而不染。因此，佛教石窟窟顶多以莲花作为装饰，但像莲花洞窟顶这样硕大精美的高浮雕大莲花，在龙门石窟也不多见。莲花周围的飞天体态轻盈，细

孙思邈 唐朝著名的医师与道士，是我国乃至世界史上伟大的医学家和药物学家，被后人誉为“药王”，许多华人奉之为“医神”，是中华医学发展先河中一颗璀璨夺目的明星，在中外医学史上留下不可磨灭的功勋，千余年来一直受到人们的高度评价和崇拜。

药方洞正壁坐佛

司空 我国古代官名。西周始置，位次三公，与六卿相当，与司马、司寇、司士、司徒并称五官，掌水利、营建之事，金文皆作司工。春秋、战国时沿置。汉成帝时改御史大夫为大司空，但职掌与周代的司空不同。

腰长裙，姿态自如。

洞内正壁造一佛、两弟子、两菩萨，主像为释迦牟尼立像，着褒衣博带式袈裟，衣褶简洁明快。这是释迦牟尼的游说像，即释迦牟尼外出讲经说法时的形象。

两弟子是浅浮雕，左侧弟子迦叶深目高鼻，胸部筋骨突兀，手持锡杖，似一西域苦行僧。

龙门石窟中最小的佛像，仅有2厘米高，这些高不盈寸的小千佛位于莲花洞南壁上方，生动细致，栩栩如生。

莲花洞正壁立佛

龙门石窟中的佛像都是信徒们所奉献的，每尊佛像上都记载着敬奉者的祈愿经过。从这些造像铭中可以看出，古阳洞是北魏皇室贵族发愿造像最集中的地方，多数造像的兴废变迁与当时的政治形势相适应，是为一定阶级的政治服务的。

龙门石窟反映了北魏时期我国历史上一些政变和战乱，也说明了洛阳兴衰的历史，从宗教这个社会的生活的侧面，能使我们了解那个时代一些重大的政治风

宾阳北洞正壁坐佛

云的动向。

古阳洞和宾阳洞，都是奉皇帝之意旨开凿的。古阳洞是支持孝文帝迁都洛阳和汉化改革的一批王宫贵族和高级官吏开凿的。

其中有孝文帝的堂兄弟比丘慧成、孝文帝的兄弟北海王元详及其母高氏、齐郡王元祐、安定王元燮、广川王贺兰汗妃侯氏、司空公长乐王丘穆陵亮夫人尉迟氏、元洪略、辅国将军杨大眼等造的像，另外还有众多的中小型佛龛为北魏的中下层官吏所雕造。

宾阳中洞和南洞是宣武帝倾尽宫廷财力给其父母孝文帝和文昭皇太后做“功德”而营造的一个伟大艰巨的工程。

宾阳北洞是刘腾为宣武帝开凿的，以上工程原为中尹、宦官刘腾等主持，宣武帝死后，他与领军元义发动宫廷政变，执掌国权，幽禁

宾阳中洞正壁的阿难佛像

代孝明帝执政的胡太后。

后因胡太后再次返政，致使宾阳南、北两洞的工程半途而废。石窟寺是太尉公司空公皇甫度所开凿的。

这些充分说明北魏贵族社会迷信佛教的社会风气。北魏末期龙门造像呈现衰落，唐字洞和赵客师洞以及莲花洞两壁上部都有未完成的工程痕迹，这可能与北魏末年尔朱荣之乱，社会动荡有关。

北魏诏改元姓后，宗室遂废拓跋旧姓而姓元，古阳洞题记所载与史书吻合。北魏王朝在洛阳龙门开窟造像活动的终结是以宾阳中洞的停工为标志的。随着北魏王朝的灭亡，龙门石窟的开凿趋于衰落，沉寂了将近一个世纪，直至唐王朝建立。

阅读链接

龙门石窟自北魏开凿以来，已经历了1500多年的沧桑，它见证了我国历朝历代的演变，见证了我国佛教文化的发展。

龙门石窟断断续续开凿了400多年，经过了400多年的苦心营造，不同时期的能工巧匠在龙门石窟创造出不朽的艺术作品，被世界称为我国石刻艺术的博物馆。

1961年，龙门石窟成为全国第一批重点文物保护单位。1982年，龙门风景名胜区被确定为全国第一批国家级风景名胜区。

唐代再创龙门石窟盛况

唐代从开国至盛唐的100余年间，龙门石窟迎来了历史上开窟造像的第二次兴盛时期。

这一时期开凿的石窟按时代的先后自南而北，集中在龙门的西山。直到武则天时期，一部分才被转移到了东山，约占龙门石窟造像的2/3。龙门唐代石窟最有代表性的有潜溪寺、万佛洞、奉先寺大像龛等。

唐代开凿的第一个洞窟是位于龙门西山北端的潜溪寺，这时正是我国佛教“净土宗”建立的时期。

潜溪寺正壁坐佛

龙门石窟内的莲花顶

唐代开窟造像在唐高宗和武则天时期达到了鼎盛。虽然石窟造像属于佛教艺术，但它跟政治紧密相连。从龙门许多唐代石刻造像中，还可以窥见武则天一步步走上女皇宝座的踪迹。

万佛洞完工于680年11月，是专为唐高宗、武则天及太子诸王做“功德”而开凿的功德窟，也是以唐朝宫廷大监姚神表和内道场智运禅师等为首的一批御用僧尼，奉命集体为唐高宗及武则天发愿雕造的。

万佛洞因洞内南、北两侧雕有整齐排列的1.5万尊小佛而得名。洞窟呈前后室结构，前室造两力士、两狮子，后室造一佛、两弟子、两菩萨、两天王，是龙门石窟造像组合最完整的洞窟。

万佛洞窟顶有一朵精美的莲花，环绕莲花周围的为一则碑刻题记：

武则天 我国历史上唯一正统的女皇帝。唐高宗时为皇后，尊号为天后，与唐高宗李治并称“二圣”，后作为唐中宗、唐睿宗的皇太后临朝称制，后自立为武周皇帝，705年退位后唐中宗恢复唐朝，改称“则天大圣皇后”，以李唐皇后的身份入葬乾陵。

大唐永隆元年十一月三十日成，大监姚神表，内道场智运禅师，一万五千尊像一龛。

说明了该洞窟是在宫中二品女官姚神表和内道场智运禅师的主持下开凿的，并完工于680年。

万佛洞洞内主佛为阿弥陀佛，端坐于双层莲花座上，面相丰满圆润，两肩宽厚，简洁流畅的衣纹运用了唐代浑圆刀的雕琢手法，主佛施“无畏印”，表示在天地之间无所畏惧，唯我独尊。

主佛端坐在莲花宝座上，在束腰部位雕琢了4位金刚力士，那奋力向上的雄姿与主佛的沉稳形成了鲜明的对比，也衬托出主佛的安详。

万佛洞主佛背后还有52朵莲花，每朵莲花上都端坐有一位供养菩萨，她们或坐或侧，或手持莲花，或窃窃私语，神情各异，像是不同少女的群体像。52代表着菩萨从开始修行到最后成佛的阶位，即十信、十住、十行、十回向、十地、等觉、妙觉。

万佛洞正壁坐佛

在万佛洞洞内的1.5万尊小佛像，每尊只有4厘米高。在南、北两壁的壁基上各刻有6位伎乐人，舞伎在悠扬的乐曲声中翩翩起舞，体态轻盈，婀娜多姿。

整个洞窟金碧辉煌，向人们展现了西方极乐世界的理想国土，烘托出一种热烈欢快的气氛。

万佛洞洞口南侧还有一尊

弥勒佛　佛教传说，弥勒佛将继释迦牟尼佛为未来佛。其庞大思想体系由无著、世亲菩萨阐释弘扬，深受我国佛教大师道安和玄奘的推崇。在南北朝，弥勒佛像做菩萨型，交脚或立像。宋元又出现模仿自称是弥勒转世的明州奉化布袋和尚弥勒佛像。

菩萨像，她是龙门石窟唐代众多菩萨像的精美范例。菩萨头部向右倾斜，身体呈“S”形的曲线，整个姿态显得非常优美端庄。

敬善寺是太宗纪国妃韦氏所开，极南洞是唐宰相姚元之为亡母刘氏开凿，高平郡王洞是高平郡王武重规开凿的，后因武则天被推翻，武重规遭贬而终止。

在武则天当皇后期间，特别迷信弥勒。为此，她在龙门广造弥勒佛，千佛洞、惠暕洞、大万五佛洞、极南洞和摩崖三佛都是以弥勒佛为主尊的洞窟。

奉先寺是龙门石窟规模最大、艺术最为精湛的一组摩崖型群雕。主佛莲座北侧的题记称之为 “大卢舍那像龛”，因为它隶属于当时的皇家寺院奉先寺而俗称“奉先寺”。

奉先寺的9尊大像的背后有很多长方形的小龛，这是大约在宋、金时代，人们为了保护大像龛，依

奉先寺的五尊像

龛修建了木结构屋檐式建筑，这些建筑影响了佛像的通风，加速了佛像的风化，后来被拆除。

奉先寺大型艺术群雕以其宏大的规模、精湛的雕琢高踞于我国石刻艺术的巅峰，成为我国石刻艺术的典范之作，也成为唐朝这一伟大时代的象征。

龙门石窟成千上万的造像中，体型最大、形态最美、艺术价值最高的要数奉先寺主尊卢舍那大佛了。奉先寺位于龙门西山南部的山腰上，是一个南北宽近40米的露天大龛，这里共有9尊大型雕像，都是依山凿石而成。

■ 奉先寺正壁坐佛背光左侧的飞天佛像

位于中间的卢舍那大佛通高17米多，仅耳朵就有1.9米，在佛经中，卢舍那是佛在显示美德时的一种理想化身。

奉先寺大卢舍那像龛是唐高宗及武则天亲自经营的皇家开龛造像工程，工程设计和施工是由高宗亲自任命制定。为此，武则天捐出“脂粉钱二万贯”，而当地更是传说卢舍那大佛就是武则天的化身。

武则天要想改变唐朝，建立自己的新王朝，不仅要在社会力量上打击李氏势力，像她称帝后大诛李氏

卢舍那大佛 佛教中即报身佛，是表示证得了绝对真理，获得佛果而显示佛智的佛身。“卢舍那”的意思就是智慧广大，光明普照。释迦牟尼佛在立名时，把他的报身和法身立在同一个名中，表示法、报不二。

封王一样，还要在形象上树立自己至高无上、君权天授的神秘色彩。

在这后一点上，利用和道教旗鼓相当的佛教是最适宜的。因此，武则天一直是把自己的形象和佛的形象有意连在一起。

有说是她撒着娇，让唐高宗开凿这尊大佛时依自己形象为模特的；有说是她慷慨捐助了2万贯脂粉钱，大佛左侧束腰部位碑刻记有捐钱事，工匠们受感动后，主动依她为模特的。总之，这尊佛和其他佛像确实不同，的确是位慈祥貌美的女性模样。

卢舍那佛被赋予了女性的形象，面容丰腴饱满，头顶为波状形的发纹。双眉弯如新月，附着一双秀目，眼睑下垂，双目俯视，微微凝视着前方。高直的鼻梁，嘴巴微翘而又含笑不露，她庄重而文雅、睿智明朗，露出祥和的笑意。

大佛双耳长而且略向下垂，下颏圆而略向前突。圆融和谐，安详自在，身着通肩式袈裟，衣纹简朴无华，一圈圈同心圆式的衣纹，把头像烘托得鲜明而圣洁。

奉先寺北壁的天王和力士佛像

饱经沧桑、老成持重的大弟子迦叶，温顺聪慧的小弟子阿难，表情矜持、雍容华贵的菩萨，英武雄健的天王，咄咄逼人的力士与主佛卢舍那一起构成了一组极富情态质感的美术群体形象。

奉先寺的卢舍那佛

卢舍那译意为“光明普照”，武则天后来造字给自己取名“曌”，意为“日月当空”。这相同的含义不会是巧合。

武后称帝前夕，授意翻译注解并大力推广了佛教《大云经》，明明白白暗示出武则天就是弥勒菩萨转世，要成为女王，天下之人都将崇拜归顺。这实质上是继卢舍那之后，又在官民心中依武则天为模特塑造的另一尊大佛像。

龙门的东山石窟中，比较典型的有擂鼓台中洞、擂鼓台北洞、看经寺、四雁洞、二莲花洞等。

传说当年奉先寺竣工时，武则天亲自率百官驾临龙门，主持这次规模盛大的开光仪式，庞大的乐队便在东山脚下的平台上擂鼓助兴，于是后人便把这里叫作擂鼓台。相邻擂鼓台的3个洞叫擂鼓台三洞。

擂鼓台中洞又名大万伍佛洞，是一座武周禅宗窟，洞顶做穹隆形，并有装饰华丽的莲花藻井，造像是一佛、两菩萨，主佛为双膝下垂而坐的弥勒佛，壁基有25尊高浮雕罗汉群像，从南壁西起到北壁西止。

罗汉群像构成一个半环形装饰带，罗汉群像的罗汉身旁都刻有一段从《付法藏因缘传》里摘录的经文介绍该罗汉的身世及特点。所刊

■擂鼓台南洞正壁的大日如来

经文中多杂以武周新字，这是武周时期禅宗所经营的洞窟。

擂鼓台北洞是龙门石窟中开凿较早、规模最大的密宗造像石窟，还有密宗领袖和他们的宗教活动，都和洛阳及龙门石窟有着十分密切的关系。

擂鼓台北洞为穹隆顶，马蹄形平面，窟顶为莲花藻井，周围环绕四身飞天。其因风化剥蚀已不清。据说，北洞的主像、中洞的3尊佛像以及南洞的一尊佛像，都是20世纪初期从别处搬移进去的。

洞内3尊大坐佛中，东壁的主佛为毗卢遮那佛，意为太阳，即除暗遍明之意，因此又称“大日如来”，它头戴宝冠，胳膊上戴着臂钏，像高2.45米，结跏趺坐于0.9米高的须弥台座之上。

开光 宗教仪式，又分为群开光和单独开光。开光就像给物品点上烛光，自己做善事、修功德就会让烛光更亮，在冥冥中引到灵性和仙气。功德高的人就像给宝物点上更大的蜡烛，让烛光更亮，帮助你更优先、更快地引来灵性和仙气。

在北洞的前壁南侧，雕有八臂观音一尊，像高1.83米，赤足坐于圆形台座上，在前壁的北侧还雕有四臂十一面观音，像高1.9米，赤脚立在圆形台座上。

看经寺也为武则天时期所雕琢，双室结构，前室崖壁有数十个小龛造像，主室进深11.7米，宽11.2米，高8.3米，平顶，方形平面，四壁垂直。三壁下部雕琢出高均1.8米的传法罗汉，其中正壁11身、两壁9尊，为我国唐代最精美的罗汉群像，是据隋代费长房《历代法宝记》刊刻的。

这种不雕佛像仅雕罗汉的大窟，似是一大型禅堂，可能是禅宗主持开凿的。看经寺是龙门东山最大的一个洞窟，29尊罗汉保存完好。

四雁洞是一个盛唐时期的中型洞窟。该洞窟的窟顶是一个莲花藻井，它四周有4个飞天的“四飞雁”环绕，奇特的是这4只飞雁的腿都十分细长，和鹤腿相似，故名四雁洞。佛经中曾以500只雁来比喻五百罗汉的故事，这里雕琢四雁可能是用寓意的手法，以雁来比喻罗汉，这在龙门石窟中也仅此一处。

二莲花洞在四雁洞南面，是一组双窟，模式相同，所以称为二莲花洞，凿于武周至唐

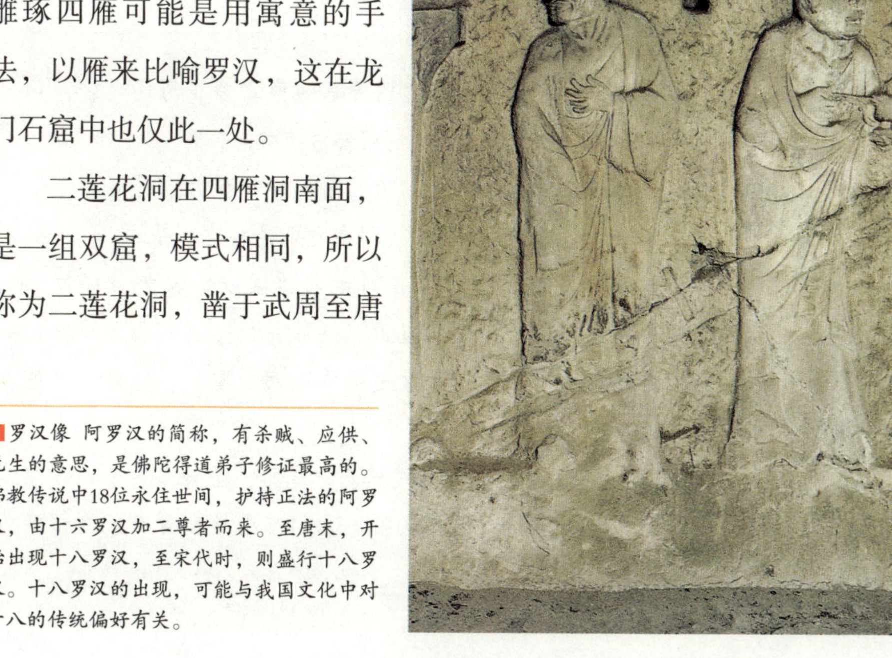

■罗汉像 阿罗汉的简称，有杀贼、应供、无生的意思，是佛陀得道弟子修证最高的。佛教传说中18位永住世间，护持正法的阿罗汉，由十六罗汉加二尊者而来。至唐末，开始出现十八罗汉，至宋代时，则盛行十八罗汉。十八罗汉的出现，可能与我国文化中对十八的传统偏好有关。

玄宗时期。两洞的造像雕饰与布局都是一样的，窟内顶部的藻井都覆莲图案，中间为阿弥陀佛，手持降魔印。

洞窟的规模介于大、中型洞窟之间。从雕像的手法看较为成熟，也颇具唐风，有一定的艺术价值。

龙门石窟在唐代的造像与北魏比较有了很大的变化。在唐代的造像题材中，弥勒佛的造像数量仅次于阿弥陀佛，释迦却显著减少，菩萨中以大势至、观世音为最多。

在艺术上，唐代的圆刀代替了北魏平直的刀法，佛像衣纹更加流动飘逸，力士夜叉浑身肌肉突起，既符合解剖的原理，又适当加以夸张，充满雄强的气势和向外迸发的力量。他们在借鉴外来雕琢的同时，还吸取了中原地区传统艺术的手法。

阅读链接

武则天临朝执政时期，龙门开窟造像之多居历代之首，这显然与她长期居住洛阳崇奉、利用佛教有关。

武则天与佛教结缘绵长，她利用佛教神权为自己开拓了一条通向皇权的道路，这个历史过程在龙门是有迹可寻的。

显庆以后，高宗多病，武则天内辅国政，权势与高宗相等，当时称为“二圣”，即皇帝、皇后并列。宾阳北洞将作监承牛懿德奉为“皇帝、皇后敬造阿弥陀佛一龛”，就是历史的见证。

690年9月9日，武则天正式登基，成为“圣神皇帝”，改唐为周，建立大周政权，改元天授。龙门东山擂鼓台有三则造像记反映了这一政治历史事件。

麦积山石窟

麦积山石窟的一个显著特点是洞窟所处位置极其险峻，大都开凿在悬崖峭壁之上，洞窟之间全靠架设在崖面上的凌空栈道通达，因该山形状如堆积的麦垛而得名。

它开凿的年代，大部分学者认为始于后秦，历经北魏、西魏、北周、隋、唐、五代、宋、元、明、清，历代都不断地开凿和修缮，现存造像中以北朝造像原作居多。它是我国著名的大型石窟之一，也是闻名世界的艺术宝库。

后秦首先开凿麦积山石窟

石窟佛像正面

麦积山位于甘肃省天水市东南约35千米处，是我国秦岭山脉西端小陇山中的一座奇峰，海拔约1700米，但山离地面只有142米。山的形状奇特，孤峰突起，犹如麦垛，因此人们称之为“麦积山”。

麦积山周围风景秀丽，山峦上密布着翠柏苍松，野花茂草。攀上山顶，极目远望，四面全是郁郁葱葱的青山，只见千山万壑，重峦叠嶂，青松似海，云雾阵阵，

石窟内的西方三圣龛

远景近物交织在一起，构成了一幅美丽的图景，这图景被称为天水八景之首的“麦积烟雨”。

山峰的西南面为悬崖峭壁，举世闻名的麦积山石窟就开凿在峭壁上，有的距山基二三十米，有的达七八十米。在如此陡峻的悬崖上开凿成百上千的洞窟和佛像，在我国的石窟中是罕见的。

说到麦积山，人们不能不感叹造化的神奇。且不说它酷似农家麦垛的独特造型，单就是它壁立千仞却又扑面而来的那种气势，就足以让人叹为观止了。

但是，麦积山的高度，却绝不仅限于它的山顶以及山顶上的塔尖，这里最让人叹为观止的还是那些有着1600多年历史的文化遗存，如古老的栈道、神秘的佛龛、精美的雕塑和斑驳的壁画。

麦积山是一个独峰，在它的绝壁上，不仅有大大

栈道 又称栈阁之道，是我国古代交通史上一大发明。人们为了在深山峡谷通行道路，便在河水隔绝的悬崖绝壁上用器物开凿一些棱形的孔穴。上面横铺木板或石板，可以行人和通车，为了防止这些木桩和木板不被雨淋变朽而腐烂，又在栈道的顶端建起亭阁，也称栈阁。

石窟佛像

小小几千座洞窟佛像，而且修建的凌空栈道更是攀缘曲折。那么在古代，人们是如何在这万仞绝壁上，凿出洞窟，塑进佛像，架起栈道的呢？这一直以来都是个谜。

关于麦积山石窟修建的起源，在当地民间有这样一个传说。

很久以前，在麦积山附近的山谷里住着一户人家，家里共有3口人，父亲、母亲和儿子，父母都是能工巧匠。

儿子渐渐地长大成人，老两口的头发也花白了。

一天，父亲把儿子叫到身边说："我学艺将近40年了，一辈子最大的心愿，就是想凭这一身本领给后世子孙留下点什么，也不枉来人世一趟。"

儿子纳闷儿地看着父亲，等着老人家说下去。

老父亲接着告诉儿子："咱们这里有3处地方非常奇特，一处叫麦积崖，那是一座独峰，在它的悬崖绝壁上开凿石窟是最好不过。一处叫仙人崖，那是5座山峰，东、南、西、北四山环抱中间一峰，好似一朵盛开的鲜花。"

儿子眉峰一动，眼睛闪动着亮光。

老父亲继续说：“西峰下还有天然石穴，可容纳万人，也是个修建庙宇的好地方。还有一处叫石门，那里峰峦奇秀，林木苍郁，山间常有云雾萦绕，似仙境一般。在那里建造亭台楼阁，留给后人游览赏玩，也是功德一件。”

儿子看着父亲，点了点头说：“父亲，您的想法我明白了，您是想把这3个地方都开凿建造出来。”

父亲叹了口气说：“我只怕自己等不到那一天啊！”

母亲最了解丈夫的心思了，她听到这话，走过来说：“别担心，老头子，我们3个人一人开凿一处，不就快得多了吗？”

父子俩听后，都觉着这个主意很好。于是，一家人就用抽签决定各自修建的地方，并签下契约保证如期完工。抽签结果是，父亲修建石门，母亲修建仙人崖，儿子修建麦积山。他们说干就干，第二天就出发了。

儿子来到麦积山脚下，抬头望去，山高万仞，绝壁兀立。

他想，从这上面刻浮雕、凿洞窟，真是再合适不过了，自己总算可以好好施展一下拳脚了。正想得高兴，忽然他意识到，自己没法儿在这万丈悬崖上施工。这下可难住了他，他日思夜想，怎么也想不出办法来。

石窟佛像

这天，儿子又在冥思苦想，忽然听到远处传来一种奇怪的鸟叫声。仔细听来，仿佛在唱：“砍完南山柴，修起麦积崖。”

这一下，儿子茅塞顿开，他高兴地冲着群山大喊：“我找到修建麦积山的方法了！”他明白这一定是上天在帮他，更加充满信心了。

接下来的日子，儿子不辞辛苦，连着砍完了整个南山的木头，把它们顺着山脚一层层堆积起来，终于堆到了他想要的高度。

然后，他站在木头堆上，开洞窟、塑佛像、架栈道。修好一层洞窟，架一层栈道，便拆一层的木头。儿子没日没夜地干着，完全投入到艺术创作之中。

父母已经如期完成回到了家中，但是儿子到了约定日期，却还没有回来。父亲误会儿子因为懒惰耽误了工期。

石窟远景

儿子终于修完回来了，父亲一见他，就开口大骂，说他误了工期，是个不守信用的家伙，他们辛辛苦苦就培养了这样一个不争气的东西。

儿子不服，刚要争辩，但父亲越说越气，根本不给他说话的机会。父亲又看到儿子脸上丝毫没有任何悔意，一时失去理智，竟一挥手，用手里的斧子砍死了儿子。

等老伴闻声从外面赶来的时候，儿子已经倒

在血泊之中。当父亲恢复了理智，又走到麦积山下，看到儿子建好如此奇妙、如此完美的石窟后，心里追悔莫及，到儿子的坟前痛哭了一场。

麦积山石窟提壶大佛像

后来，他们一家3口人修建的地方，都成了人们游览拜佛的圣地，而其中以麦积山最为有名。

由于他们一家人造福人类、功德无量，据说他们死后都变成了佛。而麦积山东崖上3尊10多米高的摩崖大像，传说就是为了纪念他们3个人而造的。

虽说自古传说就流行很久了，但其实麦积山的精神，却是在人世的烟火中熏染出来的。

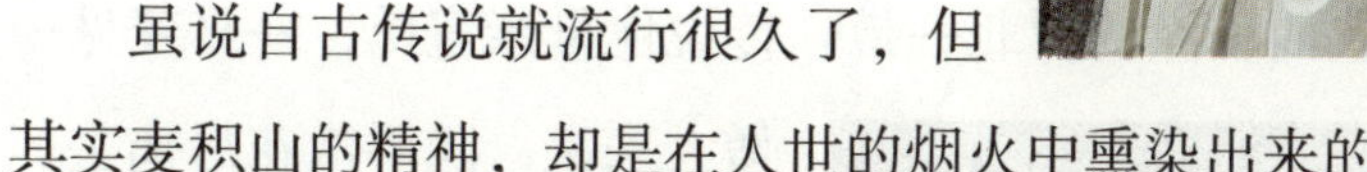

佛教传入是公元初年前后的事，当时由于丝绸之路成了连接东西方的唯一路径，所以地处丝绸之路一侧的麦积山也像敦煌一样，成了僧侣们眼中不可多得的灵岩仙境。

更遥远的已说不清楚，从史料中看出，南朝的开端420年至423年，的确有一位法号昙弘的和尚隐居在了麦积山。

所以，最迟从那时开始，麦积山便不断地有高僧住持，有善男信女供奉香火，也有人倾其所有，请当时的能工巧匠凿窟塑像。

十六国时期，后秦姚兴信奉佛教，麦积山石窟就在此时开始兴建了。麦积山东崖第三、第四窟之间的崖面上原有1157年的铭刻。13世纪成书的《方舆胜览》中说，麦积山是后秦姚兴凿山修建的，主要依据就是这段纪文。

石窟前还有1222年《四川制置使司给田公据碑》，其中也指出了麦积山石窟的创建年代在东晋，和姚秦时代不矛盾。

常言说：“天下名山僧占多。”在麦积山石窟，塑佛像的最早年代，也正是佛事开始盛行之时，当时天水一带归西秦，那时候，麦积山调集众多有名的能工巧匠，在山中进行着一场浩大的凿洞造像工程。

西秦 十六国之一。陇西鲜卑族酋长乞伏国仁所建。都苑川。盛时有今甘肃省西南部和青海宣烈王乞伏国仁一部。历4主，共47年。西秦建立政权后，开始延纳汉族士大夫，学习汉人的统治经验，推行封建政治制度，对民族的融合起了重要作用。

一时间，从四面八方吸引来了100多个僧人，云集在这里，崇信佛教，追求死后或“来生”的快乐，把寺院搞得四季香火旺盛，善男信女来往不绝。

那时，在这众多的佛教徒中，对佛经有高深造诣，创立了自己学派的，就是玄高僧人，他是麦积山最早的一位很有名气的高僧。说起玄高，有一段奇妙的传说。玄高姓魏，本名灵育，冯翊万年人，也就是陕西临潼的渭北一带。传说他母亲寇氏，一日梦见一僧人来家，随手散花后离去，他母亲自觉从那天以后就怀了胎，后来，生下个男孩，就起名灵育。

■生动的石窟佛像

灵育12岁时，有一天跟随一位在山中隐居的僧人离家，一心想入佛门，起初山僧不答应，说：“父母不听法，你不能度。”他只得回到家中，向父母一再乞求要出家参佛。

两年后，他终于说服父母，来到中常山，从此背俗弃世，改名为玄高，进入佛门。

石窟佛像近景图

他15岁时就能在众多的僧人面前讲经说法。受戒以后，他更加专心钻研禅律。几年后，玄高听说关右有跋陀禅师在石羊夺讲佛法，他前去拜师。他在那里只有10天时间，就能“妙通禅法”。

玄高对清幽寂静的麦积山，十分喜爱。对巧夺天工的佛龛彩塑，从心底里发出赞叹之声。从此，他一面钻研佛经，一面虔诚地给众弟子传授。从那以后，长安、秦地的高僧纷纷来麦积山，大家友善相处，麦积山很快成为陇右佛家圣地。

阅读链接

1962年，北京中央美院师生在麦积山石窟测绘实习，在第七十六窟的主尊佛座上发现了覆盖在底层的墨书题记，写的是“南燕主安都侯姬后造”。

据此，可以确定麦积山石窟在十六国时期已经开始兴建。在我国的著名石窟中，自然景色以麦积山为最佳，素有“小江南”“秦地林泉之冠”之美誉。

北魏北周石窟的辉煌发展

麦积山石窟佛像

后秦姚兴之后40多年中，兵戈相争不断，麦积山石窟似乎陷于停顿的局面。特别是北魏攻占西北之地后，在446年，实行灭佛，因此大量佛寺被毁，僧人被杀，十六国时期的麦积山造像也无一幸存。

而保存下来的麦积山石窟最早的作品，是第七十八窟佛坛上的墨书所题仇池镇供养人画像，应当是北魏文成帝复法之后的事。

文成帝复法，不但使造像活动重新活跃起来，而且把造像和帝身联系起来，按照皇帝形象立佛，这大大巩固了佛教造像活动的社会影

麦积山石窟远景图

响，对清除7年灭法后造成的社会畏惧心理起了很大的作用。

麦积山第七十八窟主尊佛是三世佛，形体高大，着右袒服，衣褶线条繁密流畅，有一定的厚重感。面相略呈“用”字形，眉目清秀，鼻梁高直，唇微上翘，大耳几近垂肩，直腰趺坐，体格雄伟。四周壁面则刻有千佛。

根据仇池镇供养人题记，第七十八窟三世佛的建造年代在云冈昙曜五窟完成之后的460年和仇池镇改梁州的488年之间。第七十八窟三世佛在风格上和昙曜的云冈五窟是一个系统，风格相近。

495年，官府下令禁止士民穿胡服，有意识推行汉化。南朝作为汉文化正朔所在，南朝士人的服饰、言行及崇尚的社会风气在北方产生影响。但麦积山地处西北，比不上洛阳龙门石窟可以得风气在先。只有

洛阳 位于河南省，是华夏文明的发源地之一，我国建都时间最长、建都朝代较多的千年帝都。洛阳有着数千年文明史，我国古代伏羲、女娲、黄帝、唐尧、虞舜、夏禹等神话，多传于此。从夏朝开始，先后有13个王朝在此定都，有105位帝王在洛阳指点江山，一统天下。

在北魏之后的西魏，麦积山造像才出现带有南朝风格的变化。

麦积山石窟艺术是佛教艺术，反映了佛教思想及其产生发展过程。它虽然不能像其他艺术那样直接反映当时的社会生活，但它曲折地再现了历代人物的生活景象和当时的社会政治、经济状况。其艺术内涵丰富，艺术风格独具。

麦积山石窟和敦煌莫高窟一样，都因山石疏松，不宜在岩石上精雕细镂，全以泥塑和壁画等艺术形式来宣扬佛教思想和佛经内容。

麦积山石窟的早期作品，大部分是未经后代染指的唐朝以前原作，填充了国内十六国至北朝时期泥塑艺术的短缺。而且各时代作品几乎都有，能系统地反映各代泥塑艺术作品的独特艺术风格。

深厚的民族传统和强烈的民族意识，是麦积山石窟泥塑艺术中最突出的特点。

麦积山石窟尊者佛陀像

尽管早期的佛和菩萨像，从形貌到衣着，都还带有一定的西域和印度风味，但那种圆雕与平刀相结合、压线条与阴刻纹同时并用的制作方法，则完全是我国本民族固有的传统技法。

北魏时期，是麦积山石窟的辉煌发展阶段，第一百一十五窟、第一百三十三窟是其中的代表，特点是秀骨清秀。

西魏时候，麦积山石窟一度兴旺，这就是大型洞窟第一百二十七、第一百三十五窟的兴建。但是，这次兴旺是和当时西魏文帝元宝炬与皇后乙弗氏的生离死别的悲惨命运联系在一起的。

麦积山石窟尊者像

在麦积山的历史上，西魏文皇后乙弗氏不能不说是一个悲剧性的人物。北魏分裂成东魏、西魏之后，两国都想拉拢北方的柔然国以牵制、打击对方。

先是东魏将公主嫁给柔然国国王，元宝炬面对北方柔然族的威胁，不得不迎娶了柔然国王的长女，而把感情甚笃的皇后乙弗氏冷落一旁。

乙弗氏在这种情况下，先是隐居在都城长安，后来因新皇后猜忌，又只好来到儿子武都王所在的麦积山削发为尼。当乙弗氏以比丘尼身份带着幼子来到秦州时，侍婢随从俱全，物质并不欠缺，而精神全寄托于佛教。麦积山石窟寺的修建因此有了兴旺的条件。

但就是这样，她仍然为新皇后所不容，540年，柔然国起兵，文帝迫于压力，违心地将乙弗氏赐死，然后在麦积崖凿龛，安葬了乙弗氏，这就是第四十三窟又被叫作“魏后墓”的由来。当时叫作寂陵，直至文帝死后，乙弗氏才被她做太子的儿子迁到西安与文帝葬在了一起。

此时距乙弗氏来到秦州不过两年时间。

秦州 位于我国甘肃天水，是华夏文明的主要发祥地之一。早在7000多年前，我们的祖先就繁衍生息在这片土地上。传说中的伏羲、女娲、轩辕均出生在这里，故有“羲皇故里”之称。还有李广墓、诸葛军垒和清真寺、瑞莲寺等古迹名胜，已形成了伏羲文化、秦文化、三国文化、明清建筑文化、民俗风情文化等多元文化景观。

麦积山石窟壁画

西魏在文化艺术上，延续着北魏汉化的余绪，尽管它屈服于柔然的压力，但在艺术风格上，由北魏造成的汉化发展趋向一时难以克服，何况在西魏与东魏对峙的状况下，更需强调自己是北魏的正统后继者。

麦积山第六十九窟北魏的菩萨立像，面容清秀，头微右倾，含笑凝视，神情安详亲切。高发髻作盘绕状，扎以饰带，发髻中间佩有玉环。内着圆领服，外罩通肩衣，广袖博带。

第一百二十一窟也有北魏的菩萨、弟子像。菩萨头梳高平髻，着对襟袍，右手屈肘直起手掌，左手放左腹侧。他的旁边是一位双手合十的年轻弟子，着通肩袈裟。

两尊造像的位置相互靠近，头部均倾向一处，面容清癯，眉目清秀，笑意盈然，似乎是在窃窃私语中心有同感，才发出的粲然一笑。

一般认为，北魏的这些造像在形象上已完全不同于云冈早期的雄大粗壮的风格，修长的体型、清峻的面容、含蓄的微笑以及宽袍广袖的衣着，都是北魏推行汉化而引起南朝风流行的结果。

西魏第一百二十七窟的菩萨像，在造型特点上正和北魏上述作品一脉相承。

第一百二十七窟左壁有两菩萨，上身皆裸露，披戴着项圈、长巾，巾带宽平，巾端卷折如鱼尾。其中一尊菩萨右手垂放体侧，左手屈肘上举，掌心向上。

另一尊菩萨双手皆屈肘抬起指向方向一致。头上发式都是从额上向左右分梳至后披下。高髻前有冠护持，面相较瘦，眉毛弯曲，细目如柳叶，嘴角翘起明显，精神活泼，比起北魏菩萨的含蓄笑意，显得更加轻快。

同样，主尊佛的造像也有清峻之相，如第四十四窟的坐佛，头梳流水状高髻，着双肩袈裟，博带广袖，服饰相当简洁洒脱，眉目修长舒缓，直鼻小口，笑意微妙动人，神情恬静自适。

西魏地处西北，毕竟接触胡人的机会较多，在石窟

麦积山石窟菩萨石像

造像中，作为主尊佛、菩萨、弟子等的造型和精神状态的刻画上，追求和慕效南朝士人之风，是其必然。但在一些非主要形象的刻画上，造型往往有胡人特点，也能很好地注意到精神境界的表现。

第一百二十三窟左壁有一位侍者造像，头戴圆顶毡帽，身穿圆翻领窄袖长袍，面相瘦削，呈“甲”字形。眉弓高长，鼻梁高直而窄，上唇短而下颔长，一望而知是胡人的形象。

他的双手对拢放于袖口之中，头微前倾，目光下视，含一丝笑意，是一副虔敬听法而内心有所感动的样子。虽然只是一个小人物，但造像工匠一丝不苟，表现得相当出色。

西魏时期的麦积山石窟中，还出现了集中的经变故事壁画。在第一百二十七窟四壁剥蚀严重的壁画中，依稀可辨的有正壁的涅槃变、左右壁的维摩变和西方净土变、受十善戒经变等。

在当时盛行本生故事的大环境中，众多的经变题材出现在同一个窟中，是个很奇特的现象。个中原因，仍然和乙弗氏等贵族的心态有关。

乙弗氏是在万般无奈的情况下来到秦州的，对现实生活中的不平，用善恶报应的理论来化解心中的困惑，也只有把来世寄托在极乐世界中，才能减轻精神上的苦痛，经变题材于是有了展现的机缘。

554年西魏要和北齐对抗，企图再次变革图新，不过这次变革不是继续汉化，而是恢复鲜卑原貌，自此至北周宣帝大成元年（579）时，才又经奏议而改穿汉魏衣冠。

在这样的社会背景下，西魏原先的那种博带广袖、形象清峻洒脱的造像风格随之消失，朝着鲜卑化方向趋进。似乎可以说，也就是要把云冈前期的造像风格再次发扬光大。

但是，这次发扬光大，毕竟是在石刻造像中已经风行南朝风近百年的历史上进行的，整个社会审美趣味的主流已经形成了清峻为美的格调。

西魏 535-566年，北朝之一。历三帝，共十二年，都长安。管辖今湖北襄阳以北、河南洛阳以西，原北魏统治的西部地区。534年，孝武帝元修脱离高欢，从洛阳逃至长安，投靠北魏将领、鲜卑化的匈奴人宇文泰。次年，宇文泰杀孝武帝，立元宝炬为帝，史称西魏，政权实由宇文泰掌握。

■石窟佛像

麦积山石窟瓔珞

在这一前提下，北周造像在极力挣脱这种处于主流地位的社会审美趣味，出现了相对而言的面相丰圆、形体结实，而且瓔珞满挂的造像类型。在客观上促使造像向着骨肉匀称的柔丽妩媚方向发展，也因此成为北周造像的基本特色之一。

乙弗氏死后不久，麦积山历史上又出现了另一件影响深远的事。那是在北周时，秦州大都督李允信，在麦积山距地面80多米的地方，为其亡父造七佛阁。

登上麦积山，走到东崖的最高顶，就能看见麦积山石窟中规模最大的一个石窟，那就是七佛阁。

佛阁里面有42尊泥塑大菩萨，阁外崖壁上绘有彩色壁画。据史料记载，这就是北周武帝保定、天和年间，秦州大都督李允信为其亡父所造的。

七佛阁中的菩萨都是泥塑而成，各个形态逼真、表情丰富、形神兼备、栩栩如生，是麦积山不可多得的艺术珍品。

传说当年李允信想用石头来雕琢这些菩萨，但最终又选用了泥土，这里面还有这样一个故事。

相传，秦州大都督李允信是一个大贪官，也是一

瓔珞 我国古代用珠玉穿成的装饰品，多用为颈饰，又称华鬘。原为古代印度佛像颈间的一种装饰，后来随着佛教一起传入我国，唐代时，被爱美求新的女性所模仿和改进，变成了项饰。它形制比较大，在项饰中最显华贵。另外，瓔珞还有美玉的意思。

个佛门忠实信徒。为了悼念其父亡灵，他不惜动用40多万人工，耗资万两黄金，在麦积山东崖上开凿石窟。

为了显示自己对佛的一片诚心，李允信不但要开凿最大的佛龛，还下令让主持工程的大和尚一定要用完整的大石来雕琢佛像。

开凿佛龛倒不难，难的是要从千里之外采运石头，再将大石运达山顶，才能刻成佛像，要耗费大量的人力物力，其中的艰难是无法想象的。

大和尚因此犯了难，不知如何是好，于是就跪在香案前，请求佛祖明示。一炷香未完，他隐约听到有声音在耳边说："佛，从西方净土世界而来，泥塑成身方可。"大和尚听后，急忙俯身叩谢。

第二天，大和尚将佛祖真言说给李允信听。李允信不但不相信，反倒说是大和尚怕麻烦，故意编出佛祖显灵来骗他。后来，他居然摆出道场，想要亲自问一问佛祖。

佛祖见他这样，十分生气，训斥他说："我佛以慈悲为怀，普度众生。你既为亡父超度灵魂，但要适可而止，切勿劳民伤财。"

真言 佛教语，又称陀罗尼、咒、明、神咒、密言、密语、密号。即真实而无虚假之语言之意。或又指佛、菩萨、诸天等的本誓之德，或其别名；或即指含有深奥教法之秘密语句。广义言之，不但以文字、言语表示之秘咒者称为真言，乃至法身佛之说法，也均为真言。

面含微笑的佛像

石窟外部的大佛像

李允信说："我这样做也是想表现我对佛祖的一片诚心呀！"

佛祖说："既是诚心，为何又不听从佛祖教诲？佛生西方，必用西方净土塑身。"

李允信此时仍不甘心，反问道："那为何龙门和云冈的佛像都是石雕？"

佛祖解释说："佛自西方来时，带的净土已在敦煌莫高窟用去大半，剩下的用在麦积山。因此，龙门和云冈只能用石头代替了。"

这时，李允信才相信自己错了，赶紧向佛祖叩头请罪。最后将七佛阁中的菩萨，全部用泥土塑成。

当时，正赶上颇有文名的庾信随北周皇帝巡游天水。李允信于是请庾信作铭记述这件盛事。这样就有了在麦积山历史上极负盛名的篇章《秦州天水郡麦积

庾信　（513－581年）字子山，南北朝时期大文学家，祖籍南阳新野。仕北周官至骠骑大将军、开府仪同三司，故人称"庾开府"。庾信奉梁元帝名出使北朝被留，不得回归，文风萧瑟哀戚，也感染北方雄浑豪迈之气，是南北朝文学的集大成者。

崖佛龛铭》。文中写道：

镇地郁盘，基乾峻极，石关十上，铜梁九息。
百仞崖横，千寻松直，荫兔假道，阳鸟回翼。
载辇疏山，穿龛架岭，虬纷星汉，回旋光景。
……

庾信的这篇铭文，记述了麦积山历史上一个重要的事件。在以后的历朝历代，当人们说起麦积山的历史时，这篇铭文几乎就成了一个标志。

七佛阁俗称散花楼。据说，在此散花，佛将带给你好运和祝福。当登上七佛阁前廊凭栏倚立，将五彩缤纷的纸片撒向空中，就会看到美丽的纸片纷纷扬扬、徐徐飘落而下。

麦积山佛像

奇妙的是，顷刻之间，这些纸片又争先恐后地向上飞升，升至一定高度后，才慢慢地向下散落四方。

相传，这七佛阁里面有七身大佛塑像，这里是释迦牟尼现身说法的地方。年，佛阁造好后，释迦牟尼第一次就位说法时，山下谷底里，盘腿席地而坐

七佛阁中的佛陀

的佛家弟子，挨挨挤挤，黑压压一片，一个个全神贯注，睁大双眼洗耳恭听。

同时，有28位飞天仙女，也住在这七佛阁里。她们看见这天听道的人空前得多，便疑心这些人是不是都真心信佛，想试一试看。

这些飞天仙女鉴别真假佛徒，有个巧妙的方法，就是从空中向坐在地上的众徒身上散花，如果是真心信佛的，那花瓣儿就在远离他们头顶的上空飞走了，飘落不到他们身上；如果花瓣落在了谁的身上，就证明他心中有假，要么就是红尘未断，俗缘未了，要么就是凡心未泯，不能始终。

石窟佛像

于是，这28位飞天姐妹，全都提了花篮儿，一个接一个地飞出洞去，顿时，天衣飘飘，清风习习，只见她们的胳膊舒展挥舞，随之天花乱坠，五彩缤纷，扬扬洒洒，却没有一朵一瓣落在众徒身上。

原来，当时聚集麦积山的成千上万个佛门弟子，为了敬奉佛事，不论是焚香、布施，或者是修缮佛窟，经年累月，并无一人懈怠。

这种虔诚恭敬的本身，就已经积下了很大的功德。而这种功德，光耀无穷，泽被千秋。所以，后来到这里游览的凡人，在这七佛阁上散下花来，仍然不会落地。由于这个缘故，人们给这窟佛阁又起了个美好的名字，叫作“散花楼”。

至北魏以后，麦积山石窟的雕塑中不论是佛还是菩萨，从形象到衣着饰物，则完全变成了汉民族的样式。而那种以形写神和形神兼备的表现手法，更充分体现出我国古代雕塑艺术的独特风格。

明显的世俗化倾向和浓厚的生活情趣，是麦积山石窟艺术中的又一个显著特征。我国多数石窟和寺院的早期造像，一般将佛像做成庄严、肃穆、至高无上，神圣不可侵犯的样子。

石窟内的佛像

在麦积山石窟里，尽管也有这样的作品，可是从北魏早期开始就有了明显的变化，尤其是北魏晚期以后的佛像，差不多塑造成俯首下视、面容娟秀、体态端庄、慈祥智慧、和蔼可亲、美丽善良的女性形象，有的甚至类似陕甘一带农村中常见的少女。

石窟外的石刻牌匾

仙鹤 就是丹顶鹤，在我国历史上被公认为一等的文禽。它与生长在高山丘陵中的松树毫无缘分，但是由于丹顶鹤寿命长达五六十年，人们常把它和松树绘在一起，作为长寿的象征。在传说中，仙鹤都是作为仙人的坐骑而出现的，可见仙鹤在国人心中的印象是相当有分量的。

尤其值得一提的是第一百二十三窟内那对童男童女，他们颈项上各套戴一个长命圈，这是陕甘一带农村常见习俗的生动写照。

第四十四窟造像，曾轰动日本，被赞为“东方的维纳斯”。第四十四窟造像虽然出自1600多年前西魏的手笔，却明显感到宛如现实生活中的孩子。这说明塑匠们在造像过程中，把民间的生活现状如实地带到佛窟中去，使神灵与人间化为一体，因而使得麦积山石窟作品格外富有人情味和民间气息。

上彩不重彩，或者直接用素泥表现质感的独特方法，也是麦积山石窟艺术的一个重要特点。

麦积山石窟珍存的绝大多数作品，原来都是上过彩的，只是由于当时的泥塑作品在最初塑像时，便将衣服上的褶襞和身上的肌肉、血管等，都用柔和细腻的泥巴，充分地表现出来。因此，当原有色彩剥落后，仍显得质朴素净，富有雕塑感。

部分作品，由于泥巴的特殊处理，经过千百年的风吹、日晒、雨淋，已经变得具有明显的质感，甚至仍像新塑的一样。

麦积山石窟除珍贵的泥塑外，还有一定数量的石雕和壁画等艺术珍宝。如万佛洞造像碑浮雕，描绘释迦讲经说法，构图严谨，刻画细腻，人物各具神态，表情自然，非常传神。

壁画中无论是描写从容前进的马匹、凌空翱翔的仙鹤，或是表现骑马作战，追逐野兽的场面，都善于掌握动势，充满着活力。这类作品数量虽然较少，但那生动优美的艺术形象和精细巧妙的构图布局，以及纯熟洗练的技法，在南北朝同期作品中，也是非常杰出的。

面目狰狞的佛像

麦积山石窟艺术作品，是我国古代劳动人民勤劳、勇敢、智慧的结晶，它们不仅全面真实地反映了我国4世纪末以来，在雕塑、绘画等艺术方面的发展演变过程和辉煌的成就，而且对研究我国古代的泥塑、石雕、建筑以及宗教等文化，提供了形象系统的实物资料。

在洞窟形制方面，麦积山石窟与其他石窟也有不同，一开始丝毫未受印度支

提和毗诃罗式的影响，尽管后秦和西秦所开的平拱敞口大龛，还带有天然洞穴式样，但是到了北魏、北周诸代纯粹变成殿宇楼阁式样。

特别是仿汉代宫殿的建筑结构，有出檐屋脊、鸱尾、额枋、斗拱、八角或四角列柱等，是研究我国古代建筑珍贵翔实的资料。

阅读链接

麦积山石窟的一个显著特点是洞窟所处位置极其险峻，大都开凿在悬崖峭壁之上，洞窟之间全靠架设在崖面上的凌空栈道通达。

古人曾称赞这些工程："峭壁之间，镌石成佛，万龛千窟，碎自人力，疑是神功。"

麦积山石窟以其精美的泥塑艺术闻名中外。著名历史学家范文澜曾誉麦积山为"陈列塑像的大展览馆"。如果说敦煌是一个大壁画馆的话，那么，麦积山则是一座大雕塑馆。